Rainer Fischer

Wie geht „evangelisch"?

Der Leitfaden für Neugierige

Vierte überarbeitete und erneut erweiterte Auflage

cmz

Bibliografische Information der Deutschen Nationalbibliothek

Die Deutsche Nationalbibliothek verzeichnet diese Publikation in der Deutschen Nationalbibliografie; detaillierte bibliografische Daten sind im Internet über http://dnb.d-nb.de abrufbar.

4. überarbeitete und erneut erweiterte Auflage

An der Glasfachschule 48, 53359 Rheinbach
Tel. 02226-912626, info@cmz.de

Scans und Satz (Adobe Garamond Pro 11 auf 13,5 Punkt)
mit Adobe InDesign CS3:
Winrich C.-W. Clasen, Rheinbach

Papier (G-Print 115 g/m²):
Grycksbo Paper AB, Grycksbo/Schweden

Umschlaggestaltung:
freiart gmbh, Königswinter
Lina C. Schwerin, Hamburg

Gesamtherstellung:
Livonia Print Ltd., Riga / Lettland

ISBN 978-3-87062-287-9 (**cmz**-Verlag)
ISBN 978-3-87503-209-3 (Lutherische Verlagsges. mbH, Kiel)

Bestell-Nr. 0057-5021 (Verlag am Birnbach – Bücher direkt)

20180115

www.verlagambirnbach.de

www.glaubenssachen.de

www.cmz.de

CMZ. Wir machen die guten Bücher. Seit 1979.

Lutherische Verlagsgesellschaft

Rainer Fischer, Jahrgang 1962, Dr. theol., promovierte über die »Kunst des Bibellesens« (1996) und war fünf Jahre am Ökumenischen Institut der Universität Bonn für die Kontakte nach Osteuropa zuständig. Er arbeitete mehrere Jahre als Gemeindepastor im Kirchenkreis Köln-Rechtsrheinisch und ist seit 2004 Krankenhaus- und Altenheimseelsorger am Evangelischen Krankenhaus Bergisch Gladbach. Seit 1999 ist außerdem er als freier Dozent an der Melanchthon-Akademie in Köln und in der gemeindlichen Erwachsenenbildung tätig.

Ich widme dieses Büchlein
meinen »Vätern im Glauben«,
die mich lehrten, was es heißt, evangelisch zu sein:

Gerhard Sauter und Karl Goebel †

Inhaltsverzeichnis

Das evangelische Profil hat viele Gesichter

Vorbemerkung zur 3. erweiterten Auflage

Wie geht evangelisch? heißt ein Projekt des Evangelischen Kirchenverbandes Köln und Region, entwickelt für diakonische Einrichtungen wie das Evangelische Krankenhaus Bergisch Gladbach, in dem ich als Seelsorger tätig bin. Dieses Büchlein entstand aus einer Artikelserie in der Mitarbeiterzeitung des Krankenhauses. Das Projekt soll zusammentragen und klären, was den evangelischen Glauben kennzeichnet und wie ein Krankenhaus oder andere Institutionen ausgestaltet sein müssen, damit man ihnen das Aushängeschild »evangelisch« geben kann. Dieser Klärungsprozess findet in einer Zeit statt, in der unterschiedliche Anbieter auf dem Gesundheitsmarkt (und auch allgemein auf dem religiösen Sektor) vor der Aufgabe stehen, ihre eigene Qualität herauszustellen, um mit anderen konkurrieren zu können oder auch mit ihnen zu kooperieren, ohne die eigene Identität aufzugeben.

»Das evangelische Profil schärfen« wird zum Gebot der Stunde, wobei sich Selbstbesinnung und Selbstdarstellung miteinander verbinden. Dadurch droht die Gefahr, dass man – wie ein ungarischer Freund ironisch anmerkte – »wie früher in der sozialistischen Planwirtschaft zu Propagandazwecken all das im Schaufenster ausstellt, was es im Laden wegen Versorgungsschwierigkeiten gerade nicht zu kaufen gibt«. Diese Gefahr gilt es zu vermeiden, wenn das protestantische Profil zu einem Leitbild stilisiert wird, wie es den gegenwärtigen Qualitätsanforderungen in der modernen Leistungsgesellschaft entspricht. Ein Leitbild hat nur Sinn, wenn es bündelt, was zuvor schon in vielen

Strängen vorhanden ist, oder Ziele vorgibt, die alle Mitarbeitenden gemeinsam erreichen wollen. Mit anderen Worten: Das protestantische Profil sollte eine Haltung wiedergeben, die eine bestimmte Ausrichtung hat, und nicht lediglich eine geschönte Präsentation sein, die Eindruck machen will.

»Evangelisch« als Haltung bezeichnet mehr als nur eine kirchliche Konfession und lädt ein zur Identifizierung mit einer Ausrichtung, die den christlichen Glauben insgesamt kennzeichnet. Die Antwort auf die Frage »Wie geht evangelisch?« besteht weniger in einem Fürwahrhalten von Lehrsätzen als vielmehr in einer Haltung, die das Vertrauen auf Gott mit Fragen nach wesentlichen Lebenswahrheiten und Formen gelungener Lebensgestaltung verbindet. Es ist daher nicht meine Absicht, eine »Einführung in die evangelische Theologie« zu versuchen oder eine Religionsgeschichte des Protestantismus nachzuzeichnen. Vielmehr nehme ich Fragen und Formen auf, die mir über die Jahre in der Gemeindearbeit, in seelsorglichen Gesprächen und in theologischen Diskussionen begegnet sind. Die einzelnen Fakten und Formulierungen halten – so hoffe ich – wissenschaftlichen Ansprüchen stand, aber das Gesamtbild ist unvermeidlich subjektiv gefärbt.

Wahrscheinlich erweckt der Protestantismus einen ähnlichen Eindruck wie der Posaunenengel auf dem Titelbild: irgendwie modern und doch befremdlich, kunstvoll und karg zugleich. Er scheint etwas an Auszehrung zu leiden, posaunt aber offensichtlich kräftig das Wort Gottes in die Welt. Wenn man sich so hervorhebt wie er, muss man sich die Frage gefallen lassen: Dreht er sein Fähnchen nach dem Wind? Oder trotzt er dem Wandel der Zeiten? Und was hat er sich auf die Fahne geschrieben?

Was dem Protestantismus auf die Fahne geschrieben ist, soll in fünf Essays und einem neu entstandenen sechsten anschaulich werden. Zentrale Aussagen sind als Merksätze durch Druckbild und Rahmung besonders hervorgehoben. Sie sind durchnummeriert und jeweils dort in den Text eingefügt zu lesen, wo sich die entsprechende Nummer befindet. Ergänzt werden sie durch ebenfalls hervorgehobene Aussagen prominenter Protestanten, denen jeweils ein Porträt zugeordnet ist.

Das evangelische Profil hat viele Gesichter und ist nur als Gruppenbild aussagekräftig. Um »evangelisch« als Haltung zu beschreiben, werde ich es so einfach wie möglich machen, aber nicht einfacher. Ich verbinde »evangelische« Positionen mit Personen, die sie vertreten. Dadurch gewinnen Inhalte ein Gesicht. In den meisten Fällen werden dazu Namen prominenter Persönlichkeiten genannt und Zitate entsprechend kenntlich gemacht. In anderen Fällen zitiere ich ohne genauen Nachweis und schulde dafür Dank vielen ungenannten Kolleginnen und Kollegen, ehrenamtlich Mitarbeitenden und engagierten Gemeindegliedern (unterschiedlicher Konfessionen), ohne die das »evangelische« Gruppenbild unvollständig wäre.

Ein Presbyter schrieb mir als Eindruck von der ersten Auflage dieses Büchleins: »Ich hatte Rosinenkuchen erwartet, aber Schwarzbrot bekommen.« Der Versuch, evangelische Grundsätze mit einer protestantischen Positionsbestimmung zu verbinden, ist trotz der Kürze sicherlich keine leichte Kost. Vielleicht erfordert dieses Büchlein, was in der meditativen Tradition der Theologie »ruminatio« genannt wurde: Ein »wiederholtes Kauen«, um das Gelesene gut zu verinnerlichen. Mein Wunsch ist, dass es damit die Seele sättigt und unserer kirchlichen Gemeinschaft Kraft gibt auf ihrem Weg mit Gott.

Köln, Ostern 2013

Wo finden wir Gewissheit?

Vorwort zur 4., erneut erweiterten Auflage

Das Jubiläumsjahr der Reformation weckt auf vielfältige Weise das Interesse daran, welche Ausdrucksformen das »evangelische Profil« prägen. Nicht nur, dass Luther als Spielzeugfigur an die Verbindung von Glauben und Erziehung erinnert, Luther-Bier den Appetit anregen soll zum Genießen als legitimen Teil evangelischer Existenz und die Luther-Badeente neugierig macht auf ihre Botschaft: Geht die Kirche baden? Vielmehr werden in Gottesdiensten und Workshops, Aktionen und Diskussionen, Veröffentlichungen und Vorträgen die geistlichen Grundlagen der Reformation wie auch ihre Folgen thematisiert. Weniger im selbstsicheren Gewissheitspathos vergangener Epochen, eher in der Suche nach Vergewisserung.

Denn unsere heutige Situation ähnelt der Anfangszeit der Reformation, die mit mehr Fragen als Antworten begann: Wo finden wir Gewissheit, wenn uns traditionelle Grundlagen nicht mehr tragen? Wie kann ich moralische Werte begründen und spirituelle Wahrheiten im Leben verankern, wenn kirchliche Maßstäbe und Kulturformen an Autorität verlieren? Wie lässt sich in einem sozialen Gefüge, das sich immer schneller verändert, Freiheit leben, ohne in Beliebigkeit zu enden? Wie kann ich guten Gewissens Entscheidungen treffen, wenn die Herausforderungen immer komplexer werden?

Ich hoffe, dass die vierte, erneut erweiterte Auflage dieses Büchleins zur Klärung dieser und weiterer Fragen beitragen kann, und freue mich, dass sie zum Reformationsjubiläum erscheint. Dass Luther vor 500 Jahren seine

Thesen außen an der Kirchentür aushängte, kann für unsere Zeit ein Symbol sein, die entscheidenden Fragen an der Schnittstelle von Kirche und Öffentlichkeit zu stellen und zu diskutieren. Geistliche Vergewisserung ist längst kein rein innerkirchliches oder konfessionsgebundenes Thema mehr. Das zeigt nicht zuletzt das Apostolische Schreiben »Die Freude des Evangeliums« von Papst Franziskus (2013).

Es bietet im ökumenischen und gesellschaftlichen Dialog die Gelegenheit, gemeinsam nach einem »evangelischen«, aus dem Evangelium gestalteten Profil in der modernen Welt zu fragen und dabei neben den klassischen protestantischen Themen wie Freiheit und Gewissen auch Gerechtigkeit und Teilhabe zu akzentuieren. Diese Gelegenheit zu nutzen sollte man nicht allein den amtskirchlichen Funktionsträgern überlassen. Vielleicht kann dieses Büchlein den »interessierten Laien« bestärken, informiert und engagiert, sprachfähig und diskussionsfreudig mit dem Evangelium und über das Evangelium ins Gespräch zu kommen.

Köln, Ostern 2017

1. Ist die evangelische Kirche „lockerer" als andere Konfessionen?

Kennzeichen der Kirche

Was ist eigentlich evangelisch? Die Wahrnehmung des »evangelischen Profils« verändert sich je nach der Entfernung, aus der man es betrachtet. Eine distanzierte Sicht stellt Vergleiche an und fragt z.B. nach Unterschieden zum Katholischen. Wer das evangelische Erscheinungsbild genauer kennen lernen will, fragt nach Charakterzügen, nach Lebenseinstellungen und Glaubensentscheidungen. In der Binnenperspektive evangelischer Erfahrung kann man das eigene Profil nur im Spiegel erkennen, gespiegelt durch die Glaubensgemeinschaft bzw. Gesellschaft – Merkmale kirchlichen Lebens bestimmen hier den Blickpunkt.

Glaubwürdigkeit statt Gewohnheit

Wenn unklar geworden ist, welche Merkmale eine christliche Gemeinschaft kennzeichnen, müssen diejenigen, die zu dieser Gemeinschaft gehören, sich zusammensetzen und Klarheit verschaffen. Vor 500 Jahren sah der katholische Priester und Theologieprofessor Martin Luther dazu die Zeit gekommen. In Pfarrgemeinden und Schulen erlebte er, wie man sich zu klärenden Runden zusammenfand. Warum sollte das nicht auch für die gesamte Kirche möglich sein? Luther erklärte sich bereit, vor einer solchen Versammlung, einem Konzil, Rede und Antwort zu stehen. Dazu arbeitete er ein Sieben-Punkte-Programm aus. Was die Kirche kennzeichnet, in der Menschen vom Geist Gottes ergriffen und geleitet werden, ist für ihn erstens, dass Gottes Wort verkündet wird und man danach handelt (dabei denkt er unter anderem an die Zehn Gebote). Als weitere sechs Merkmale nennt er: dass Menschen durch die Taufe aufgenommen werden in die Kirche, dass sie im Abendmahl an Christus Anteil haben, dass sie in der Beichte Zurechtweisung und Zuspruch erfahren, dass Menschen in den Dienst der Gemeinde berufen werden (z.B. als Pfarrer), dass gebetet und Gott gelobt wird und dass der Glaube konsequent gelebt wird, auch wenn es Verachtung oder gar Verfolgung nach sich zieht (»sein Kreuz auf sich nehmen«).[1]

Man kann fragen, ob heutzutage weitere Merkmale hinzugefügt werden müssten, z.B. Seelsorge oder Diakonie. Entscheidend ist die enge Verbindung von Glauben und Glaubensgemeinschaft. »Glaube ist Privatsache« lautet das Credo unserer Zeit. Daran ist richtig, dass der Glaube eine persönliche Sache ist, dass mir niemand die Entscheidung dafür oder dagegen abnehmen kann oder aufzwingen darf, dass jeder seine eigene Entwicklung durchlaufen muss. Glaube als Rückzug ins Private ist dagegen eine Folgeerscheinung moderner Vereinzelung. Während man in der massen-medialen Öffentlichkeit der Fernseh-Talkshows über die intimsten Dinge, Bett- und Krankengeschichten spricht, schweigt man peinlich vom Glauben.

»Glaube ist Privatsache« reduziert den Glauben auf eine Innerlichkeit ohne erkennbare bzw. ansprechbare Auswirkungen. Der christliche Glaube lebt jedoch von der Gemeinschaft mit anderen Menschen, der gegenseitigen Ermutigung und Ermahnung, von der wechselseitigen Ergänzung, der Zuwendung zueinander, dem Dasein füreinander und dem Austausch miteinander.

Merkmale des Glaubens, die in der kirchlichen Binnenperspektive selbstverständlich erscheinen, können je länger je mehr selbstgefällig werden: Man beschäftigt sich nur noch mit sich selber, sieht sich immer auf der

»richtigen« Seite und schreibt den Außenstehenden die Schuld zu, wenn sie keinen Zugang zu Glauben, Christsein und Kirche finden. »Das haben wir schon immer so gemacht«, sagt die scheinbare Selbstverständlichkeit und schließt vom Sein aufs Sollen. [1]

> [1] Evangelisch sein heißt, sich nicht an die Gewohnheit gewöhnen und die scheinbare Selbstverständlichkeit gelebten Glaubens immer wieder der Frage nach dem Wesentlichen aussetzen.

So nahm auch die evangelische Kirche ihren Anfang. Gegen Gewohnheiten der Kirche, die er für nicht glaubensgemäß hielt, wandte sich Martin Luther im Oktober 1517 mit seinen 95 Thesen an die Öffentlichkeit: »Da unser Herr und Meister Jesus Christus sagt: ›Tut Buße‹ (Matthäus 4, 17), wollte er, dass das ganze Leben der Gläubigen Buße sein sollte« (These 1).[2]

Glaubensgrundsätze haben ihre Geschichte

Wenn Christsein gekennzeichnet ist durch die beständige Bereitschaft zur Änderung und die Kirche von kontinuierlicher Kurskorrektur lebt (*ecclesia semper reformanda*), dann kann es in der evangelischen Kirche keine Glaubensgrundsätze (Dogmen) geben, die ewig feststehen und nicht mehr in Frage gestellt werden dürfen. Die Glaubenslehre wird menschlicher – um Gottes willen. Kirchliche Aussagen über Gott und sein Wirken in der Welt unvermittelt der Offenbarung Gottes an die Seite stellen und ihnen damit die Autorität einer »Ein-für-allemal«-Wahrheit verleihen zu wollen, kann nämlich die hintergründigste Art und Weise sein, sich gegenüber dem jeweils neu gegenwärtigen Reden und Handeln Gottes zu verschließen.[3] Ein Dogma im ursprünglichen Sinne des Wortes ist dagegen etwas sehr Menschliches: eine Aussage darüber, was uns als richtig erschienen ist (griechisch:

Lucas Cranach der Ältere, Schlosskirche Wittenberg (Holzschnitt 1509)

An der linken Tür soll Luther am 31. Oktober 1517 seine 95 Thesen angeschlagen haben.

to dedogmenon). Es ist geschichtlich gewachsen. »Die wahre Kritik des Dogmas ist seine Geschichte«, sagte der zunehmend zweifelnde Protestant David Friedrich Strauß[4] und öffnete damit im 19. Jahrhundert die Glaubenslehre einer historischen Betrachtungsweise, die Dogmen nicht mehr als das Ewig-Gleiche ansah, sondern als das Zeitlich-Gewordene. Dogmen haben ihre Geschichte, die man achten sollte, sie sind aber zugleich fragwürdig, fehlbar, veränderlich, auf Ergänzung und Entwicklung angelegt – kurz: vorletzte Entscheidungen[5] und »Dialogregeln« für das Reden von Gott und vom Glauben[6]. [2]

Die evangelische Konfessionskirche der Gegenwart hat daraus eine Form der Flexibilität entwickelt, die häufig den ersten Eindruck bestimmt: »Bei den Evangelischen ist es viel lockerer als bei den Katholischen.« Dieser Eindruck ist zwiespältig. Das »Lockere« kann als Freiheit des Glaubens, aber auch als Unverbindlichkeit wahrgenommen werden. Man soll Entscheidungen abwägen, weicht ihnen aber aus, wenn man einer Meinung Recht gibt und der gegenteiligen Ansicht auch Recht gibt. Wendet nun jemand ein: »Ihr könnt in der Kirche nicht immer jedem Recht geben. Es gibt Glaubensfragen, die statt eines unentschlossenen Sowohl-als-auch ein entschiedenes Entweder-oder erfordern!«, dann lautet eine verbreitete evangelische Antwort: »Da hast du auch wieder Recht!« Hier wird Toleranz mit Gleichgültigkeit verwechselt: Wo alles gleich gültig ist, wird's meistens gleichgültig. Manchmal habe ich den Eindruck, dass die Rede vom »postmodernen« Pluralismus nur dazu dient, diese Gleichgültigkeit zu verschleiern. Das protestantische Profil wird zu einer frei formbaren Knetgummi-Maske, wenn es unverbindlich ist bis zur Gleichgültigkeit oder flexibel bis zur Beliebigkeit. [3]

> [2] Evangelisch sein heißt: Aushalten, im Vorläufigen zu leben.

Dieser Konsens ist mehr als ein kleinstes gemeinsames Garnichts. Er ist – so sagt es eines der ältesten evangelischen Leitbilder, das Glaubensbekenntnis von Augsburg 1530 (*Confessio Augustana*) – die Übereinstimmung darüber, was das Evangelium, d.h. die gute Nachricht (griechisch: *euangelion*) von Gottes

> [3] Evangelisch sein heißt: den Konsens des Glaubens suchen.

Zuwendung zum Menschen, für uns in unserer jeweiligen Situation bedeuten kann.[7]

Wäre es nicht einfacher, wenn eine einzige Autorität bestimmen würde, was die christliche Glaubenswahrheit ist, statt sich immer neu vergewissern zu müssen, was wirklich wesentlich ist? Es kann nämlich verunsichern, sich immer wieder neu vergewissern zu müssen. Was auf den ersten Blick bei der evangelischen Konfession »lockerer« aussieht als bei der katholischen, entpuppt sich bei genauerem Hinsehen als eine Anforderung, die es für den einzelnen Glaubenden anspruchsvoller und anstrengender macht. Demgegenüber wäre eine einzige Autorität sicherlich einfacher. Und weil der Mensch gerne das Einfache wählt, gibt es so viele Autoritäten, die jeweils festlegen wollen, was das Wesentliche des christlichen Glaubens ist: Das kann die Macht der Gewohnheit (Tradition) sein oder der Anpassungsdruck der Aktualität (Zeitgeist), die »reine« Vernunft oder die »ganz persönliche« Intuition, die angebliche Unfehlbarkeit einer Person an der Spitze der Kirchenhierarchie (Papst) oder die behauptete Unfehlbarkeit der Bibel, wenn man ihre Worte buchstabengetreu befolgt (Fundamentalismus). Sehr viel komplizierter ist der »evangelische« Weg, sich über Konzil und Konsens dem anzunähern, wo und wie sich Gottes Zuwendung offenbart. Komplizierter ist es, weil es ein Erkenntnis-Weg ist, sich zusammenzusetzen und zu verständigen (Konzil), worin man im Wesentlichen übereinstimmt (Konsens). Wie das geht? Das ist ein anderes Kapitel!

> Dieses Leben ist nicht ein Frommsein,
> sondern ein Frommwerden,
> nicht ein Wesen, sondern ein Werden.
> Wir sind's noch nicht, wir werden's aber.
>
> Martin Luther,
> Grund und Ursach aller Artikel (1521)[8]

Lucas Cranach, Martin Luther, um 1526; Öl auf Eichenholz, 21,5 × 15,5; Privatbesitz, Hamburg

Mit den Serienbildnissen Martin Luthers, auch in Form von Doppelbildnissen mit seiner Frau Katharina, trug Cranach zu einer bis dahin beispiellosen Präsenz des Reformators bei.[9]

2. Eint die Bibel nur, solange man sie nicht aufschlägt?

Berufung auf die Bibel

Nur was sich wandelt, bleibt – so lautet ein Slogan der evangelischen Kirche, der Prioritäten-Diskussion und Leitbild-Entwicklung propagiert. Er ist gegen ein Denken gerichtet, das sich den geistlichen Grundbestand der Kirche gewissermaßen als feste Substanz vorstellt und jeden Wandel, der den »Schatz der Kirche« (*thesaurus ecclesiae*) in den Tageskurs aktueller Gültigkeit ummünzt, als einen Werteverlust interpretiert.

Dauerhaftigkeit durch ständige Anpassung ist jedoch kein Wert an sich. Nach evangelischem Verständnis hat das Wesen der Kirche seinen Bestand darin, sich immer wieder neu auszurichten auf das Evangelium – die Botschaft von Gottes Zuwendung zu den Menschen – und zu verändern, was nicht mit dieser Botschaft übereinstimmt.

»Nur was sich wandelt, bleibt« ist ein Paradox, mit dem eine Kirche leben muss, für die es keine letzte Glaubenswahrheit gibt außer Gott selber.

Was progressiv klingt, ist allerdings höchst problematisch. Denn bei einer Institution wie bei einer Person können dauernde Veränderungen die Identität, d.h. das unverwechselbare Selbst, zerreißen. Es ist wie mit einer Wohnung: Manchmal ist ein Tapetenwechsel oder eine Renovierung nötig, aber niemand würde sich zuhause fühlen, wo ständig umgebaut und umgeräumt wird. Nicht jede Tradition ist ein Ballast und nicht alles Neue ist ein Segen.

»Prüfet alles, und das Gute behaltet«, rät der Apostel Paulus (1 Thessalonicher 5,21).

Die schmächtige Kraft des Wortes

Bleiben wird die Kirche weder dadurch, dass sie »ewige« Glaubenswahrheiten trotzig dem Wandel der Zeit entgegenhält, noch dadurch, dass sie sich ständig dem Zeitgeist anpasst. Bleibenden Wert haben – so sagt die Bibel – »Glaube, Hoffnung und Liebe« (1 Korinther 13,13). Sie gilt es zu bewahren, wo man sie findet, *und* sich zu verändern, wo man sie sucht. Glaube, Hoffnung und Liebe gestalten sich nicht immer gleich, weil Menschen sich unterschiedlich entwickeln, sich je nach Situation andere Anforderungen stellen und nicht alles zu jeder Zeit möglich ist. Darum hat das evangelische Profil viele Gesichter. Und nicht immer gelingt es in der kirchlichen Praxis, Bewahren und Verändern miteinander in Einklang zu bringen. Im schlimmsten Falle lähmen sich das Wunschbild permanenter Veränderung und die Wirklichkeit pluraler Gleichgültigkeit gegenseitig. Und im allerschlimmsten Fall ergreift dann ein Fundamentalismus die Initiative, der Wertebeständigkeit statt Wandel, Konsequenz statt Unverbindlichkeit, leidenschaftliches Engagement statt Gleichgültigkeit verheißt.

Einlösen kann der Fundamentalismus diese Verheißung nicht. Denn er verwechselt Vielfalt mit Beliebigkeit und unterliegt dem Trugschluss, dass der Glaube eindeutig wird, wenn man die Bibel so wörtlich wie möglich nimmt. Tatsächlich schwankt eine fundamentalistische Bibelauslegung ständig zwischen Wörtlichkeit und Nichtwörtlichkeit, um das aufrecht zu erhalten, was ihr als höchste Qualität der Bibel gilt: die »Unfehlbarkeit«

> Der Buchstabe tötet,
> aber der Geist macht lebendig.
> Christus der Herr ist der Geist –
> wo sein Geist wirkt, da ist Freiheit.
>
> Paulus, 2 Korinther 3,6+17

Adamo Tadolini (1788–1868), Marmorstatue des Apostels Paulus mit Schriftrolle, 1838; Petersplatz, Rom

des Wortes Gottes.[10] Man muss jedoch kein Fundamentalist sein, um sich auf die Bibel als Grundlage des christlichen Glaubens zu stützen. Als sich im 16. Jahrhundert evangelische Theologen zusammensetzten und verständigten, worin sie trotz vieler unterschiedlicher Meinungen übereinstimmten, bestätigten sie den Grundsatz, dass die Bibel die alleinige »Richtschnur«[11] für Lehre und Leben ist. Die »Richtschnur« meint keinen Strick, den man Andersdenkenden um den Hals legt, um unliebsame Argumente abzuwürgen. Die »Richtschnur« ist vielmehr das Lot, in das alles kommen soll, und zwar *»sine* *vi sed verbo*«[12], d.h. ohne Gewalt, nur durch das Wort. Nicht auf Machtstrukturen (auch nicht die Macht der Gewohnheit), sondern auf die Kraft des Wortes soll sich der Glaube ausrichten. [4]

Die Kraft des biblischen Wortes liegt in seinen Wirkungen. »Alle Schrift, von Gottes Geist eingegeben, ist nütze zur Lehre, zur Zurechtweisung, zur Wiederherstellung, zur Erziehung in der Gerechtigkeit, damit der Mensch Gottes allen Anforderungen gewachsen sei, zu jedem guten Werk gerüstet« (2 Timotheus 3,16+17). Die göttliche Eingebung (»Inspiration«) der Heiligen Schrift wird an ihren Wirkungen erkennbar: Sie kann uns sagen, worauf es ankommt (»Lehre«), kann unser Gewissen schärfen und zu einer ehrlichen Selbsteinschätzung führen (»Zurechtweisung«), kann Zerbrochenes und Zerstörtes heilen (»Wiederherstellung«), einen Lernprozess zu gerechtem Handeln in Gang setzen (»Erziehung in der Gerechtigkeit«), lebenstüchtig (»allen Anforderungen gewachsen«) und tatkräftig (»zu jedem guten Werk gerüstet«) machen. Die Wirkungen des Geistes sind so vielfältig wie die Ausdrucksmöglichkeiten des Wortes.

[4] Evangelisch sein heißt: den Konsens des Glaubens in der Kraft des Wortes suchen.

Darum finden sich in der Bibel vielfältige Perspektiven derjenigen, die Gottes Wirken jeweils in ihren eigenen Worten bezeugen. Auf den ersten Blick fällt auf, dass die Bibel aus zwei unterschiedlichen Teilen besteht, die wir Altes und Neues Testament nennen. Beide Teile beginnen damit, die gleiche Geschichte in verschiedenen Variationen zu erzählen: Es gibt im Alten Testament zwei Schöpfungsberichte und im Neuen Testament vier Evangelien, deren Inhalt nicht vollständig deckungsgleich ist. Und eine Fülle literarischer Formen spiegelt wider, dass Gott nicht auf *einen* Begriff zu bringen ist, sondern

»vielfach und auf vielerlei Weise geredet hat« (Hebräer 1,1): Ein Gesetzeskodex (wie in den Mosebüchern) ist kein Gesangbuch (wie die Psalmen), ein Gedichtbändchen (wie das Hohelied) keine Geschichtserzählung (wie die Königsbücher), ein Gleichnis (wie sie Jesus in den Evangelien erzählt) kein Tatsachenbericht (wie Teile der Apostelgeschichte), eine Lehrpredigt (wie in vielen Briefen des Paulus) keine Vision (wie in der Offenbarung des Johannes).

Die Bibel selber leitet also in Form und Inhalt dazu an, sich mit der Vielfalt im Reden von Gott auseinanderzusetzen.

Klarheit in der Vielfalt

Die Heilige Schrift allein soll Maßstab sein (*sola scriptura*) – auf dieser Grundregel beruht der evangelische Glaube. Damit ist aber noch lange nicht alles klar. Auf einer christlichen Konferenz stellten die Teilnehmer zum Abschluss fest, »daß die Bibel uns eint, solange wir sie nicht aufschlagen«[13]. Wenn wir sie aufschlagen, lässt uns ihre Vielfalt im Reden von Gott immer wieder neue Akzente entdecken, die sich gegenseitig erklären und ergänzen, bereichern und begrenzen. So lehrt Paulus in seinen Briefen, dass sich das Heil als spirituelle Erfüllung des Lebens nicht durch Leistung verdienen lässt, während sich der Jakobusbrief dagegen wehrt, damit den Wert des eigenen Wirkens völlig zu verneinen. Je mehr ein Glaubender diese biblische Vielfalt kennen lernt, desto kompetenter wird er, sich in den innerbiblischen Dialog über die Wahrheiten des Glaubens hineinzuversetzen und sich in unterschiedlichen Zusammenhängen zum Handeln aus Liebe und Hoffnung anleiten zu lassen. Diese Kompetenz bildet den Kern dessen, was für Luther ein wichtiges Ziel der Reformation war: das »allgemeine Priestertum aller

Gläubigen« (nach 1 Petrus 2,9)[14]. Luther hielt allerdings nichts von einer geistlichen Gelehrsamkeit, die flüchtige Bestätigung in der Bibel suchte und dann meinte mitreden zu können. Er bat Christus um seinen Geist, sich in die beständige Beschäftigung mit der Bibel einzuüben und in ihr »Lebeworte« statt bloße »Leseworte« zu entdecken.[15] [5]

Eigene Erfahrungen mit diesem Leitbild verarbeitete Hans Sachs zu Beginn der Reformation in seiner »Disputation zwischen einem Chorherren und Schuhmacher«[16]: Der Schuhmacher will bei dem katholischen Geistlichen ein Paar Pantoffeln ausliefern. Er gerät mit ihm in Streit, weil er Luthers Anliegen befürwortet, Leben und Lehre der Kirche zu reformieren (also: wieder in Form zu bringen). Beide schlagen sich Bibelzitate um die Ohren, bis der Pfarrer sich ereifert: »Es gehört dem Laien nit zu, mit der Schrift umzugahn!« Der Schuhmacher hält ihm die Zusage Jesu entgegen: »Sie werden all von Gott gelehrt« (Johannes 6,45). Am Ende zeigt sich, dass der Handwerker in der Bibel besser bewandert ist als der ausgebildete Theologe. Die Haushälterin, die das »groß alt Buch« hinter kirchlichen Verordnungen hervorkramt und abstaubt, macht sich schließlich Sorgen, dass der Pfarrer mit den Pantoffeln den Schuhmacher verprügeln könnte, weil er sich in der Bibelkenntnis geschlagen geben muss.

> [5] Evangelisch sein heißt: mit der Bibel leben und dadurch eine allen gemeinsame Kompetenz des Glaubens gewinnen.

Der »evangelische« Zugang zur Bibel ist von der Zuversicht erfüllt, dass alle Glaubenden – ja, mehr noch: alle Suchenden – in der Begegnung mit der biblischen Botschaft die Fähigkeit entwickeln können, die Bibel zu verstehen. Nicht jeder Bibeltext ist in gleicher Weise für eine erste Begegnung geeignet – manche sind sperriger

Hans Sachs, Disputation zwischen einem Chorherrn und einem Schuhmacher (1524)

und schwieriger als andere. Aber jede echte Begegnung verändert die Beteiligten: Ein Text aus der Vergangenheit kann neue Bedeutung für die Gegenwart gewinnen, aus den Buchstaben wird eine Botschaft, aus einer alten Vor-Schrift eine aktuelle An-Rede. Und der Leser oder Hörer kann ergriffen und »inspiriert« werden von den Worten – nicht mehr er entschlüsselt einen alten Text, sondern der Text erschließt ihm eine neue Lebensperspektive; er wird »von Gott gelehrt«, d.h. er erfährt etwas, das er sich nicht selber sagen kann: Dem Schuldigen wird Vergebung, dem Traurigen wird Trost, dem Unruhigen wird Frieden, dem Verzweifelten wird Hoffnung, dem Benachteiligten wird Wertschätzung und dem Sterblichen wird unvergängliches Leben zugesprochen.

Der Vielfalt der Ausdrucksformen in der Bibel entspricht eine Vielfalt der Verstehensweisen ihrer Hörer bzw. Leser: Jeder versteht einen Text anders, je nach Vorbildung, Stimmung, Verstand, Kombinationsvermögen, Gefühl, Hintergrundwissen und religiöser Prägung. Wer das Ziel eines »allgemeinen Priestertums aller Gläubigen« verfolgt, muss daher auch eine Verständigung über das Verstehen anstreben. Zur Kompetenz des »allgemeinen Priestertums« gehört auch das Zuhören, die Vernunft, die mit sich reden lässt,[17] und die Sprachfähigkeit, seine eigene Meinung zu vertreten und seinen Glauben ins Gespräch zu bringen. Als Ende des 19. Jahrhunderts innerhalb der evangelischen Bibelforschung ein Streit zwischen wissenschaftlich-kritischen und traditionalistisch-frommen Theologen entbrannte, meldete sich Martin Kähler aus Halle zu Wort und schlug vor, sich über die »Hauptsache« zu verständigen und den »Nebensachen« nicht mehr Aufmerksamkeit als unbedingt nötig zu schenken.[18]

Wer von den Nebensachen zur Hauptsache kommen will, verfällt der Gefahr, das Wesentliche über Abgrenzungen erkennen zu wollen. An dieser Stelle verstrickt sich ein buchstabengetreuer Zugang zur Bibel in die gleiche Problematik, die er an der historisch-kritischen Forschung anprangert: nämlich eine Auflösung ganzheitlichen Verstehens in unzusammenhängende Detailfragen (etwa der Datierung oder Verfasserschaft einzelner biblischer Schriften), die im Grunde für den Glauben unerheblich sind. Kähler bekennt beispielsweise, dass es seinen Glauben »nie auch nur im geringsten beunruhigt« habe, ob die Angaben der Evangelien über den Wochentag des letzten Abendmahls Jesu übereinstimmen oder nicht. Was ist aber die »Hauptsache« in der Bibel, ohne die keine Klarheit in der Vielfalt zu gewinnen ist? Das ist ein anderes Kapitel!

3. Was bleibt zu tun, wenn allein der Glaube zählt?

Rechtfertigung aus Glauben

Ein Jahr vor seinem Tod erinnerte sich Martin Luther[19], wie er 30 Jahre zuvor als junger Bibelprofessor in seinem Arbeitszimmer im Wittenberger Augustinerkloster bis tief in die Nacht über einer Bibelstelle brütete: »Die Gerechtigkeit Gottes wird im Evangelium offenbar« (Römer 1,17). Die Rede von Gottes Gerechtigkeit beunruhigte Luther, denn er dachte an das Bild, das am Eingang oder im Altarraum vieler Kirchen zu sehen war: Christus als strenger Richter, der über der Welt thront, die guten Menschen in den Himmel kommen lässt und die bösen in die Hölle schickt. Trotz aller Anstrengungen, die Luther zu dieser Zeit als Mönch unternahm, fragte er sich: Wer kann überhaupt vor Gottes Kriterien bestehen? Und wie passt dazu, dass die Rede von Gott als »Evangelium« bezeichnet wird, dem griechischen Wort für eine gute bzw. frohe Botschaft? Urplötzlich durchfährt ihn ein Geistesblitz, eine Eingebung des Geistes Gottes, und er versteht Gottes Gerechtigkeit nicht mehr philosophisch als Eigenschaft, »durch die Gott gerecht ist und die Sünder und Ungerechten straft«, sondern als Gabe, die Gott dem glaubenden Menschen schenkt und ihn dadurch gerecht werden lässt. »Passiv« nennt Luther diese Gerechtigkeit, weil wir sie nur empfangen können.

Die »evangelische« Wende

In dieser Nacht vollzog sich die »evangelische« Wende, die das mittelalterliche Bild von Gott bis in die Grundfesten erschütterte, Kirche und Gesellschaft veränderte.

Bisher trieb die Angst vor dem richtenden und strafenden Gott die Menschen dazu, den Glauben als Geschäft auf Gegenseitigkeit zu verstehen. »Drum preisen wir ihn alle laut, weil er uns sonst niederhaut!« So karikiert der österreichische Spötter Nestroy die Einstellung, die meint, ein braves Leben, regelmäßigen Kirchgang und Spendenfreudigkeit gegen Gottes Wohlgefallen und das ewige Leben eintauschen zu können. Luther warf der Kirche seiner Zeit vor, diese Einstellung, die er »Werkgerechtigkeit« nannte, zu bestärken durch die Art und Weise, wie sie die Sakramente der Sündenvergebung verwaltete. Er lernte neu von Paulus, dass Gott den Menschen gerecht macht »ohne des Gesetzes Werke, allein durch den Glauben« (Römer 3,28). Vermittler dieser »Rechtfertigung« ist Jesus Christus, der am Kreuz stellvertretend für die Sünden und solidarisch mit den Leiden der Menschen gestorben ist. Was der Gottesdienstbesucher in vielen Kirchenräumen sehen konnte, bestimmte nun auch die theologische Wahrnehmung: Christus am Kreuz, das über dem Altar der Gemeinde nahe war, rückte als Abbild des rettenden Gottes vor das Triumphbild des Weltenrichters hoch oben im Gewölbe. Der Karfreitag entwickelte sich im Bewusstsein der Gemeinde zum wichtigsten Feiertag im Kirchenjahr. [6]

> [6] Evangelisch sein heißt: sich lösen von der Vorstellung, dass der Glaube ein Geschäft auf Gegenseitigkeit mit dem richtenden Gott ist, und sich der Zusage des rettenden Gottes zuwenden, dass er uns gerecht macht »allein durch den Glauben« (sola fide).

Die »Rechtfertigung« stand für Luther von nun an ganz im Mittelpunkt des Glaubens und bestimmte auch seinen Umgang mit der Bibel. Einige Briefe im Neuen Testament (Hebräer-, Jakobus- und Judasbrief), die nach seinem Empfinden zu sehr die »Werke« des Menschen betonten, hätte er am liebsten aus dem Kanon der biblischen Schriften verbannt. Als Kompromiss verschob er sie im Inhaltsverzeichnis so weit wie möglich nach hinten. Radikaler ging er mit den 10 Geboten um: Er strich das zweite Gebot (2 Mose 20,4+5), weil das Verbot, sich ein Bild von Gott zu machen, seiner Meinung nach aufgehoben war, seit Jesus Christus als Abbild des himmlischen Vaters in Erscheinung getreten war. Trotzdem wollte er die Zehnzahl beibehalten (sie war für die einfachen Gemeindeglieder seiner Zeit als Gedächtnisstütze wichtig – man konnte die Gebote an den Fingern abzählen). Darum teilte er das letzte Gebot auf in die zweifache Weisung, nicht das »Haus« des Nächsten zu begehren bzw. dessen »Weib, Knecht, Magd, Vieh noch alles, was sein ist« – das »Haus« als Sammelbegriff einer Hausgemeinschaft zerfällt nun in Immobilienwert und nachgeordneten Hausstand (zu dem auch die Ehefrau zählt!). Auch wenn Luthers theologisches Anliegen nachvollziehbar ist, wirkt seine Neufassung der 10 Gebote unbefriedigend. Spätere Reformatoren sind wieder zum ursprünglichen Wortlaut der Gebote zurückgekehrt.

Trotz einiger fragwürdiger Konsequenzen, die Luther aus der »Rechtfertigung« als Zentrum der biblischen Botschaft zog, bleibt es von epochaler Bedeutung, dass er den Glauben aus der Umklammerung durch Moral und »Gesetzlichkeit« löste und ihn wieder gründete auf das »Evangelium«, auf Gottes Zusage, dass er in Jesus Christus rettend und stärkend, heilend und verändernd auf die Menschen zukommt. Darum lautete für Luther die eigentliche reformatorische Erkenntnis: *»Fides et promissio sunt relativa«*[20] – Glaube und Verheißung, menschliches Gottvertrauen und Gottes Zusage stehen in einer Wechselbeziehung zueinander. Die Verheißung ist die Antwort auf das Gebet »Dein Wille geschehe« – und umgekehrt: Das Gebet »Dein Wille geschehe« erwächst immer neu aus der Verheißung. Wenn es so etwas wie eine »Hauptsache« in der Bibel gibt, dann ist der Verheißungsbegriff geeignet, sie zu umschreiben: Gottes Verheißung der Gerechtigkeit, des ewigen Lebens und des Reiches Gottes (das Frieden, Freiheit und Wahrheit in sich schließt) – nicht zu vergessen die Verheißung, in der Gegenwart Gottes zur Ruhe zu kommen (Hebräer 4,1ff) und darin eine heilsame Unterbrechung des Handelns zu erfahren. Wer auf diese Verheißungen hört, wird damit bereits auf sie hin verändert. Das Verheißene eröffnet Zukunft, indem es Abstand schafft vom Gegebenen und das Mögliche in den Blick nimmt.

Leben im Horizont der Verheißung

Die Suche nach einem Sinn des Seins sah Luther eng verbunden mit dem Streben des Menschen, sich selbst zu rechtfertigen. Je angestrengter er dies versucht, desto mehr verliert er sich in seinen Urteilen und Leistungen. Luther benutzte dafür ein eindrückliches Bild: *»incurvatus in se«*, verkrümmt in sich selber – wie ein Vogel, der seinen Kopf im eigenen Gefieder vergräbt. Das war für ihn das Urbild dessen, was die Bibel »Sünde« nennt.[22] Sünde ist demnach eher eine Haltung als eine bestimmte Handlung. Das »Evangelium«, die Zusage der Zuwendung Gottes, befreit von dieser Selbstbezogenheit und weitet die Wahrnehmung dafür, sich selber, Gott und den Mitmenschen anders als bisher zu sehen.

> Die wahre Gemütspflege des Glaubens zielt auf den Willen und den Verstand. Wo man nur auf eines von beiden seine Absicht hat, ist nichts Gutes zu hoffen.[21]
>
> August Hermann Francke

Luthers Erlebnis mit dem Römerbrief ist dafür ein beredtes Beispiel: Die Erkenntnis der »Rechtfertigung«, die Gott dem Menschen zuspricht, geht einher mit einer

Denkmal für August Hermann Francke (1663–1727) im Lindenhof der Franckeschen Stiftungen Halle

Umkehrung im Verständnis des biblischen Grundwortes »Gerechtigkeit«. Die »Rechtfertigung« vollzieht sich im Bibellesen als Erfahrung, dass nicht mehr der Leser den Worten einen Sinn gibt, sondern dass er sich durch die Worte unversehens selber anders versteht. »Ich fühlte«, sagte Luther im Rückblick, »ich sei ganz und gar neugeboren und durch die offenen Tore ins Paradies selbst eingetreten. Da zeigte sich mir sogleich ein anderes Gesicht der ganzen Schrift.«[23] Diese Zusage der Zuwendung Gottes gilt jedem Menschen, so wie er ist – ohne Vorbedingung und Vorbehalt. Aber sie lässt den Menschen nicht so, wie er war. Wer »allein durch den Glauben« lebt, legt nicht die Hände in den Schoß und vertraut darauf, dass Gott alles machen wird, sondern steht in einem neuen Vertrauensverhältnis zu Vernunft und Zukunft im eigentlichen Sinne der Worte: als Vernehmen von Zukommendem. 7

7 Evangelisch sein heißt: den Glauben auf die Verheißung beziehen, um von Gott zu vernehmen, was auf einen zukommt.

Im engen Bezug des evangelischen Glaubens auf die Verheißungen Gottes, die Veränderung bewirken und Vertrauen in die Zukunft schaffen, liegt vielleicht die Erklärung dafür, dass evangelischer Glaube in der Geschichte oft innovativer war als der katholische, der stärker der Tradition zugewandt ist. In der Hoffnung, die Welt positiver gestalten zu können, öffnete sich der evangelische Glaube auch modernen Entwicklungen. Max Weber stellte Anfang des 20. Jahrhunderts die These auf, dass die protestantische Ethik die Entstehung des Kapitalismus begünstigte:[24] Für Luther wurde der Beruf zum Ort der Bewährung vor Gott in der Welt; ausgehend von Calvin wurde Erfolg zum Gradmesser der göttlichen Gnade und die »innerweltliche Askese« zum Antrieb aufopferungsvoller Pflichterfüllung. Erst kam die Arbeit und dann das Vergnügen (das man aus Angst, es könnte von Gott ablenken, allerdings vermied). Beigetragen zum wirtschaftlichen Erfolg der Evangelischen hat wohl auch das Bemühen, allen Christen das Bibellesen zu ermöglichen: Es führte zu einer verbesserten Bildung und erhöhte die Chancen, einen qualifizierten Beruf ausüben und am Fortschritt von Wissenschaft und Technik teilhaben zu können.[25]

Verantwortlicher Glaube

Evangelisch zu sein ist nicht deckungsgleich mit solchen soziologischen Schematismen, denn der Glaube lebt letztlich aus der Überzeugung, dass nicht das, was der Mensch leistet, seinen Selbstwert bestimmt – und erst recht nicht seinen Wert vor Gott. Wertvoll ist der Mensch, weil Gott sich ihm in Liebe zuwendet – dafür steht das Leben und Leiden Jesu Christi. Auf diese Liebe Gottes antwortet der Mensch, indem er Gott liebt von ganzem Herzen und mit vollem Verstand, von ganzer Kraft und mit allen Fähigkeiten und seinen Nächsten liebt wie sich selbst (Markus 12,29-31). [8]

> [8] Die Lebensregel der dreifachen Liebe ist das Herzstück einer evangelischen Verantwortungsethik.

Sie setzt mehr auf das Gewissen des Einzelnen als auf die Gesetzlichkeit fester Vorschriften. »Die Liebe gehört mir wie der Glaube«[26], formulierte Johann Hinrich Wichern in seiner flammenden Rede beim ersten evangelischen Kirchentag in Wittenberg 1848, die zur Gründung eines Netzwerkes für die »innere Mission« führte, einer Verbindung von kirchlicher Verkündigung und sozialem Engagement, aus der die heutige diakonische Arbeit der evangelischen Kirchen hervorging. Evangelischer Glaube bleibt nicht tatenlos: Das Vertrauen auf Gottes Liebe zieht immer Nächstenliebe nach sich. Jesus machte diese Glaubenserfahrung in seiner Bergpredigt an einem Bild deutlich: Wenn ein Baum gut verwurzelt und gewachsen ist, reifen die Früchte an ihm von alleine (Matthäus 7,17).

Aus der Verbindung von Gottvertrauen, Gemeinschaftssinn und auch einem gehörigen Maß an Geschäftstüchtigkeit erwuchsen viele Einrichtungen der evangelischen Diakonie. So eröffnete 1701 Pfarrer August Hermann Francke ein Waisenhaus für Straßenkinder vor den Toren von Halle / Saale. Keine Holzhütte mit mehrfach belegten Schlafkästen wie sonst üblich, sondern ein massives, mehrstöckiges Gebäude im Stil eines Herrschaftshauses, in dem jedes Kind ein eigenes Bett hatte – und damit ein steinernes Zeugnis, dass der »Glaube, der durch Liebe tätig ist« (Galater 5,6), den Hilfsbedürftigen und Schwächsten der Gesellschaft nicht nur materielle Hilfe,

Haupthaus der Franckeschen Stiftungen in Halle / Saale nach der Sanierung 1995 – eine diakonische Einrichtung auf der Vorschlagsliste für das UNESCO-Weltkulturerbe

sondern auch Würde geben soll. Franckes Gegner unterstellten ihm Prunksucht und Verschwendung von Spendengeldern – fromme Leute, so lautet ein altes Vorurteil, können nicht mit Geld umgehen, weil sie vor lauter guten Absichten den Blick für das Machbare verlieren. Doch bald mussten die Kritiker zugeben, dass Francke mit Sachverstand und Geschäftssinn ans Werk ging. Bauweise und Ausstattung hatten einen bisher unerreichten hygienischen Standard, der vor Epidemien schützte. Die Einrichtung erwirtschaftete einen wachsenden Anteil ihrer Kosten durch eine Schule, der ein Internat angegliedert war, eine Druckerei und eine Apotheke, für die Francke staatliche Konzessionen erwirkt hatte. Gottvertrauen und ethisch verantwortliche Geschäftstüchtigkeit schließen sich nicht aus. Gottvertrauen, das sich den Aufgaben der Welt stellt, braucht Effektivität, um den Menschen nutzen und Bedürftigen helfen zu können – und Geschäftstüchtigkeit, die ihre Glaubensmaßstäbe auch im Alltag lebt, gewinnt einen Sinn, der anders ist als der Selbstzweck des ständigen Mehr-Haben-Wollens.

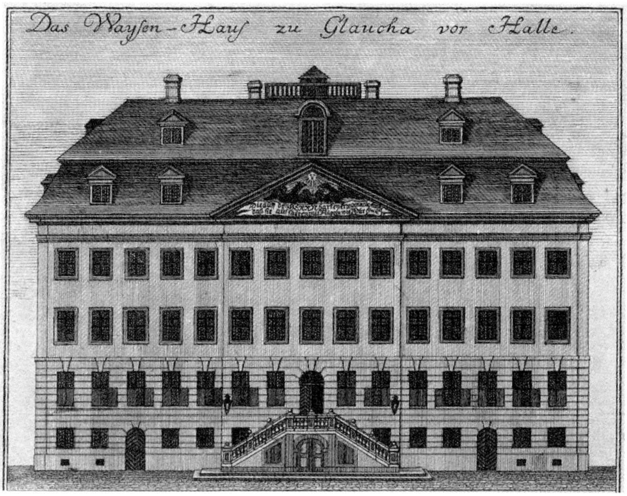

Das Waisenhaus zu Glaucha vor Halle; Kupferstich 1749 – Monument der Wertschätzung für Benachteiligte aus dem Geist des Evangeliums

Für den Bibeldruck entwickelte Francke in Zusammenarbeit mit Carl Hildebrand Freiherr von Canstein ein neues Verfahren, den so genannten »stehenden Satz«: Statt Seite für Seite die Bleibuchstaben in mühevoller Handarbeit immer wieder neu zu setzen, nachdem eine bestimmte Anzahl von Blättern gedruckt war, wurde für jede Seite eine feste Vorlage zusammengestellt, die beliebig oft nachgedruckt werden konnte. Die Anschaffungskosten waren gewaltig (und konnten nur durch großzügige Spenden gedeckt werden). Aber nun konnte erstmals eine Bibel so kostengünstig hergestellt werden, dass sie auch für einfache Angestellte und Arbeiter erschwinglich war. Das Ideal des »allgemeinen Priestertums aller Gläubigen«, die in eigener Kompetenz die Bibel lesen, rückte näher. Böse Zungen behaupten allerdings, die Bibel wäre der am meisten verkaufte und am wenigsten gelesene Bestseller der Weltliteratur.

Wie steht es wirklich um die viel gerühmte Bibelfestigkeit der Evangelischen? Das ist wieder ein anderes Kapitel!

4. Muss der evangelische Christ alles mit seinem Gewissen abmachen – und wo bleibt da das Gefühl?

Spiritualität in Moral und Musik

»Ich bin so froh, dass ich nicht evangelisch bin, die haben doch nix anderes als Arbeiten im Sinn«, singen die Kabarettisten Norbert Alich und Jürgen Becker in einer ironischen Hymne auf die Vorzüge des Katholizismus. Sie vermissen bei den Evangelischen »Heilige in Stein«, Wunderglauben und Weihrauch und fühlen sich mehr zu Tresen als zu 95 Thesen hingezogen. Die Sinnesfreude der Evangelischen – so kalkweiß wie die unbemalten Wände in vielen Kirchen und so fade wie ein schwach gebrühter Tee (der in manchen protestantischen Regionen »härtere« Aufputschmittel wie Alkohol und Tabak ersetzen sollte)? Tatsächlich neigen die Evangelischen zu nüchterner Beschränkung auf das, was ihnen wesentlich erscheint. Das hat vermutlich damit zu tun, dass die Reformation als Reinigungsunternehmen begann.

Gewissensbindung und Pflichtbewusstsein

Luther wollte Bibel und Bekenntnis, Gottesdienst und Glaubensleben, Klerus und Kirchenordnung von unangemessenen Traditionen befreien, die im Laufe der Jahrhunderte wie Übermalungen oder Staubschichten die ursprüngliche Gottesbeziehung verdeckt hatten. Diejenigen Bücher, deren Zugehörigkeit zum biblischen Bestand umstritten war (»Apokryphen«), gliederte er aus seiner Bibelübersetzung aus. Gottesdienste und kirchliche Handlungen wie die Taufe stellte er wieder in ihren eigentlichen Kontext – die Gemeinde: keine privaten

»Winkelmessen« mehr und kein unverständliches Latein, stattdessen die öffentliche Verkündigung des Evangeliums und die Liturgie in deutscher Landessprache. Dem kirchlichen Leben trieb er den Ablasshandel aus, der Sündenvergebung gegen Spendengeld versprach, aus dem Glauben ein Geschäft machte und das Himmelreich käuflich werden ließ.

Dafür musste sich Luther 1521 auf dem Reichstag in Worms vor dem Kaiser und den deutschen Fürsten verantworten. Trotz Drängen und Drohen wollte er nichts widerrufen, es sei denn, so sagte er am Ende, dass er »widerlegt werde durch Schriftstellen oder einleuchtende Vernunftgründe«. Ansonsten sei er gebunden durch sein Gewissen: »Ich kann nicht anders, hie stehe ich, Gott helfe mir.«[27] [9]

> [9] Evangelische Gewissenhaftigkeit fußt auf der Bindung an die Bibel und auf dem Vertrauen in die Vernunft.

Keine Fürsprache von Heiligen oder gar der »Mutter Gottes« kann die eigene Verantwortung vertreten; kein Rausch der Sinne darf die Urteilskraft des Glaubens trüben. Alles allzu Augenfällige wurde aus der Kirche verbannt, damit es nicht vom Hören auf das Wort Gottes ablenkte. Die katholische Gegenreformation setzte um so mehr auf die Anziehungskraft sinnlichen Erlebens: barocke Hochaltäre und die bunte Pracht der Messgewänder, Kolossalgemälde und die Klangkulisse von Glocken und Orgel. Im Gegenzug reduzierten die Evangelischen noch mehr – vor allem, wenn sie sich aus der Abgrenzung zum Katholischen definierten.

Hinzu kam, dass Gruppierungen wie die auf die Reinheit des Glaubens bedachten »Puritaner« oder die ihre Frömmigkeit vertiefenden »Pietisten« besonders den Ernst der Nachfolge Christi, Nüchternheit und Mäßigung betonten. Denn zur Rechtfertigung als Ausgangspunkt evangelischen Glaubens müsse die Heiligung des Lebens treten. Sonst werde aus Gottes unverdienter Zuwendung eine »billige Gnade«. Diese strengen Erscheinungsformen des Protestantismus haben mit der »lockeren« Gestalt evangelischer Volkskirchlichkeit eines gemeinsam: den Hang zum Intellektuellen und Individuellen.

Der prominenteste Repräsentant dieser protestantischen Prägung ist Immanuel Kant. Die Summe von Gewissen und Vernunft ist für ihn die Pflicht. Die oberste Pflicht entlehnt er der Bibel. Jesus hatte gesagt: »Alles, was ihr wollt, dass euch die anderen Menschen tun sollen, das tut ihnen auch« (Matthäus 7,12). Kant formte daraus seinen »kategorischen Imperativ«: »Handle so, daß die Maxime deines Willens jederzeit zugleich als Prinzip einer allgemeinen Gesetzgebung gelten könne.«[28] Und er fügte noch einen »praktischen Imperativ« hinzu: Kein Mensch darf als Mittel zum Zweck missbraucht werden![29]

Botschafter der Herzen

Das Ziel der »Aufklärung«, die Kant forderte, war der »mündige«, über sich selbst bestimmende Mensch. Macht es den Menschen aber wirklich frei, wenn er die »reine«, von allen sinnlichen Erfahrungsbezügen und sprachlichen Bedeutungsschwankungen losgelöste Vernunft zur obersten Urteilsinstanz im Leben erhebt? Kants strenger Logik, die alles in allgemeine Formeln fasst und alles bis in die letzte Konsequenz treibt, setzte sein ärgster Freund, Johann Georg Hamann, die Leidenschaft für das Konkrete und die Vielfalt der Vernünfte entgegen: Man muss die Wirklichkeit wahrnehmen, bevor man sie gestalten kann. Hamann bezeichnet die Poesie als »Muttersprache« der Menschheit, weil bildhaftes Begreifen in Gleichnissen ursprünglicher ist als rationales Reden in Schlussfolgerungen.[30]

Und tatsächlich bildet die Poesie im Protestantismus ein Gegengewicht zur intellektuellen Verkopfung des Glaubens. Bereits in den Anfängen der Reformation brachten Kirchenlieder stärker als Bücher und Predigten die evangelische Botschaft in die Häuser und Herzen aller Bevölkerungsschichten. Luthers Lied »Ein feste Burg ist unser Gott« wurde zur Erkennungsmelodie der Reformation – ähnlich wie die Marseillaise für die französische Revolution.[31] Komponisten wie Johann Sebastian Bach und Liederdichter wie Paul Gerhardt werden zu »Botschaftern der Herzen.« [10]

> Zwei Dinge erfüllen das Gemüt mit immer neuer und zunehmender Bewunderung und Ehrfurcht, je öfter und anhaltender sich das Nachdenken damit beschäftigt: Der bestirnte Himmel über mir und das moralische Gesetz in mir.
>
> Immanuel Kant, Kritik der praktischen Vernunft (1788), Beschluß

Das gesungene Wort geht weiter als das gesprochene Wort, denn es erfüllt den Menschen ebenso emotional wie intellektuell. Im Vorwort zu einem Kirchenliederbuch aus dem Jahre 1562 wird diese geistliche Bedeutung der Musik gelobt: »Die Texte der Heiligen Schrift sind zwar an sich selber die allerlieblichste Musik, die Trost und Leben in Todesnöten gibt und im Herzen wahrhaft erfreuen kann. Wenn aber eine süße und sehnliche Weise dazukommt – wie denn eine gute Melodie auch Gottes schön Geschöpf und Gabe ist –, da bekommt der Gesang eine neue Kraft und gehet tiefer zu Herzen.«[32] Erste Quelle und Inspiration evangelischer Poesie ist das Gebet- und Gesangbuch Israels,

> [10] In der evangelischen Kirche, die sich als „Kirche des Wortes" versteht, verlagert sich die Sinnlichkeit auf das Hören, auf Kirchenmusik und Kirchenlied.

Johann Leopold Raab, Immanuel Kant, 1791; Stahlstich nach dem Gemälde von Gottlieb Doepler

das wir als die »Psalmen« aus der Bibel kennen: Psalm 23 (»Der Herr ist mein Hirte«), der den ganzen Lebensweg des Menschen in anschauliche Bildworte fasst, oder der 46. Psalm, aus dem Luther »Ein feste Burg ist unser Gott« formte, oder auch Psalm 37, dem Paul Gerhardt seine vielleicht bekanntesten Verse entlehnte: »Befiehl du deine Wege / und was dein Herze kränkt / der allertreusten Pflege / des, der den Himmel lenkt. / Der Wolken, Luft und Winden / gibt Wege, Lauf und Bahn, / der wird auch Wege finden, / da dein Fuß gehen kann.«[33]

»Der Glaube kommt aus dem Hören« (Römer 10,17), lautet das Grundgesetz evangelischer Frömmigkeit. Das gesprochene bzw. gesungene Wort soll die *»viva vox evangelii«* aufnehmen und weiterführen, d.h. die lebendig-belebende Stimme der frohen Botschaft von Gottes Zuwendung zu den Menschen. Diese Sakramentalität des Wortes bestimmt das kirchliche Leben: Aus Gotteshäusern, die dem geistlichen Erleben mit allen Sinnen geweiht waren, werden »Predigtstätten«, deren einzige

Elias Gottlob Haußmann, Johann Sebastian Bach im Jahre 1746, mit Rätselkanon; Öl auf Leinwand, 1748; Privatbesitz von William H. Scheide, Princeton, New Jersey, USA

Weihe darin besteht, dass in ihnen »unser lieber Herr selbst mit uns redet durch sein heiliges Wort und wir wiederum mit ihm reden durch Gebet und Lobgesang« (Martin Luther).[34] Als Sakramente gelten nur noch diejenigen Zeichenhandlungen, die Jesus selber ansprach und ausdrücklich mit deutenden Worten verband: die Taufe und das Abendmahl. Segen wird exklusiv als Sprachgeschehen verstanden, in dem einem Menschen die Zuwendung Gottes zugesprochen wird – das Segnen von Gegenständen oder Räumen ist damit ausgeschlossen. Das Wort Gottes ist alleinige Grundlage und Gegenstand des Glaubens. Diesen theologischen Ansatz nimmt evangelische Frömmigkeit oft kurzschlüssig wahr, als sei das Wort die einzige Möglichkeit, den Glauben sinnlich zu erfassen und mitzuteilen. Welche Zukunft hat aber eine »Kirche des Wortes« in einer Zeit, in der eine Inflation der Worte ihre Glaubwürdigkeit entwertet und in der eine Flut von Bildern die menschliche Erkenntnis überschwemmt? Das ist ein neues Kapitel!

> Bey einer andächtigen Musique ist allezeit Gott mit seiner Gnadengegenwart.
>
> Johann Sebastian Bach, Randbemerkung (zu 2 Chronik 5,13+14) in seiner Bibel[35]

5. Wie können wir erhoffen, was wir uns nicht vorstellen können?

Hoffnung wider Erwarten

Im Konfirmandenunterricht erzählt der Pfarrer die Ostergeschichte nach dem Johannesevangelium (20,11-18): Vor dem leeren Grab begegnet Maria von Magdala dem auferstandenen Jesus. Sie erkennt ihn zunächst nicht und hält ihn für den Gärtner. Nach dem Unterricht fragt eine Konfirmandin verunsichert: »Glauben Sie wirklich, dass wir als Christen alle auferstehen werden, so wie Jesus auferstanden ist?« Der Pfarrer wittert Zweifel und will sie zerstreuen. Voller Überzeugung bekennt er: »Ja, daran glaube ich fest!« Daraufhin stammelt das Mädchen: »Dann, dann - werden wir alle aussehen wie Gärtner?« Man kann darüber schmunzeln, wie naiv die Konfirmandin ein Bild aus einer biblischen Szene aufnimmt und überträgt. Aber macht sie nicht genau das, was in der christlichen Tradition immer wieder getan wurde? Sind viele Vorstellungen über Himmel und Hölle und das Leben nach dem Tod nicht auf ähnliche Weise entstanden? Schilderungen und bildliche Vergleiche, die versuchen, die Hoffnung auf Unvorstellbares anschaulich zu machen, wurden ausgemalt zu Glaubensinhalten.

Vom Bildersturm der frühen Reformationszeit bis zu Rudolf Bultmanns »Entmythologisierung« der biblischen Bilderwelt im 20. Jahrhundert haben die Evangelischen die innere Verbindung mit Gott über die Vorstellungskraft der Bilder gestellt. Denn sie fürchteten, Bilder könnten ablenken vom Wesentlichen und die Wahrnehmung des Glaubens festlegen auf Anschauungen, die Gott keine Freiheit mehr lassen, auf je eigene Weise in Erscheinung zu treten. Diese bildkritische Haltung hat viele Veranschaulichungen auch aus dem Bereich vertrieben, der am weitesten alle menschliche Erfahrung übersteigt - aus der Hoffnung auf das, was nach dem Tod kommt. Kein Petrus mehr an der Himmelspforte und kein Fegefeuer, keine Madonna, die unter ihrem Schutzmantel die Gläubigen sammelt, und keine Messen für die Toten, um ihre Teilhabe am ewigen Heil zu verbessern. Jenseits des Todes gab es für Luther keine Zwischenzustände und keine zweite Chance, um die Lebensbilanz noch einmal aufzubessern, sondern nur einen »ewigen Augenblick«[36].

Lässt man die Anschaulichkeit der biblischen Bildersprache außer Acht, bleiben zwei nüchterne Glaubenssätze über das Leben nach dem Tod: *Wir werden bei Gott sein* (1 Thessalonicher 4,17) und: *Wir werden verwandelt werden* (1 Korinther 15,51+52). Was rational reduziert klingt, kann durchaus das Gefühl ansprechen – als innige Geborgenheit in Gott, die keine weiteren Bilder braucht. Die Todesgrenze bleibt unüberwindlich, auch für unsere Vorstellungskraft: *Das Vergängliche kann nicht von sich aus Unvergänglichkeit erlangen* (1 Korinther 15,50). Die verheißene Verwandlung ist ein Anders-Werden. Daher kann sie nur indirekt angesprochen und zeichenhaft angedeutet werden. Paulus übernimmt dafür das Gleichniswort Jesu vom Weizenkorn, das in die dunkle Erde ausgesät wird und sich wunderbar wandelt zur Ähre, die viel Frucht bringt (Johannes 12,24). Ähnlich stellt er sich die Auferstehung vor: *Was in die Erde gelegt wird, ist vergänglich, was aber zu neuem Leben erweckt wird, ist unvergänglich. Was in die Erde gelegt wird, ist hinfällig und schwach, was aber zu neuem Leben erweckt wird, voll Herrlichkeit und Kraft.* (1 Korinther 15,42+43)

Erfülltes Leben – über den Tod hinaus

Im 20. Jahrhundert haben Theologen wie Karl Barth oder Eberhard Jüngel die Auferstehung als Verwandlung

Auch Bruchstücke können sich zu einem Muster fügen: »Trümmerfenster« in der Predigerkirche Erfurt

zugespitzt auf ein völliges Neu-Werden, dem der Tod des ganzen Menschen mit Leib *und* Seele vorausgeht. Sie wenden sich gegen eine Aufteilung des Menschen, die seine Leiblichkeit herabsetzt gegenüber einer »höherwertigen« Psyche bzw. einer Überlegenheit des Geistes. Zugleich stellen sie damit die althergebrachte kirchliche Vorstellung einer »unsterblichen Seele« in Frage: Verbirgt sich dahinter nicht der Versuch des Menschen, einen vermeintlich »guten Kern« über die eigene Vergänglichkeit hinaus in die Ewigkeit zu retten und als Eigenleistung vor

Gott zu rechtfertigen? *Was in die Erde gelegt wird, ist ein Seele-Leib, was aber zu neuem Leben erweckt wird, ein Geist-Leib* (1 Korinther 15,44): Der Tod umfasst alle Dimensionen des Menschen. Aber in der Form des *passivum divinum*, die im Passiv indirekt Gottes Wirken anspricht, wird ausgedrückt, dass über den Tod hinaus etwas mit dem Menschen geschehen kann - durch den Geist Gottes. Wir dürfen hoffen, dass etwas von uns bleibt, weil Gott die Macht hat, Neues erstehen zu lassen: Der Gott, *»der die Toten lebendig macht«*, ist der Schöpfer, der *»das, was nicht ist, ins Dasein ruft«* (Römer 4,17). Diese Zuversicht kommt nicht aus uns selber, denn sie übersteigt alle Erfahrung – sie ist *Hoffnung wider Erwarten* (Römer 4,18). [11]

Hat das irdische Leben aber irgendeine bleibende Bedeutung, wenn alles neu geschaffen wird? Die menschliche Existenz, so meint Luther, kann in jedem Moment durch den Zuspruch und die Ansprache Gottes verewigt werden: *»Wo und mit wem auch immer Gott redet, sei es im Zorn, sei es in der Gnade, der ist gewiss unsterblich.«*[37]

Wenn Jesus vom »ewigen Leben« spricht, dann meint er erfülltes Leben in der Gemeinschaft mit Gott (Johannes 17,3) - schon hier und jetzt: *Wer mein Wort hört und glaubt dem, der mich gesandt hat, der hat das ewige Leben* (Johannes 5,24). Jeder Moment des Lebens, den wir in der Gegenwart Gottes des Ewigen leben, ist ewiges Leben, mit endgültigem Sinn erfülltes Leben. Ewiges Leben überzieht die irdische Existenz aber nicht einfach mit einer spirituellen Zusatzqualifikation, sondern vollzieht sich als Umgestaltung, die durchlitten wird

[11] Als prinzipielle Verfahrensfrage bleibt die Frage nach der Auferstehung offen. Als persönliche Vertrauensfrage findet sie eine Antwort in Gottes Verheißung: Traue ich Gottes schöpferischer Kraft zu, meinen Tod in ein Neuwerden zu verwandeln?

Brüchige Erinnerung und blühende Hoffnung auf ein Darüber-Hinaus: Moderner Grabstein auf dem Friedhof Montmartre / Paris

und zugleich bereichert. *»Ich lebe, weil ich gestorben bin.«*[38] Dieser Satz scheint paradox, weil er die natürliche Reihenfolge umkehrt. Doch er spitzt nur eine geistliche Erfahrung zu, die im Neuen Testament immer wieder beschrieben wird: Eine Veränderung des eigenen Lebens kann wie ein Sterben des alten und Anfang eines neuen Lebens empfunden werden. Paulus bescheinigte den Christen in den ersten Gemeinden, dass sie gestorben seien – und konnte den Todeszeitpunkt genau bestimmen: Es ist der Tag der Taufe. In ihr wird das alte Leben gleichsam begraben mit Christus – um mit ihm aufzuerstehen (Römer 6,4). [12]

[12] Ewiges Leben beginnt nicht erst jenseits des Todes, sondern ist Leben, das im Angesprochen-Sein von Gott und in der Verantwortung vor ihm eine bleibende Bedeutung gewinnt.

Man stirbt nur einmal – wie auch die geistliche Grundlage unseres Neuwerdens, die Verwandlung, die Jesus in seinem Kreuzestod und seiner Auferweckung durchlitten und erlebt hat, ein für allemal geschehen ist (Hebräer 9,27+28). Damit nicht zu vereinbaren ist die

Vorstellung einer Reinkarnation. Die Vorstellung einer Wiedergeburt in einem zweiten, dritten oder weiteren Leben, verbunden mit der Chance, die Versäumnisse eines früheren Lebens auszugleichen, ist attraktiv in einer Welt, in der Fortschritt und Flexibilität ständig neue Möglichkeiten schaffen. Die Reinkarnation verlängert diese Lebensweise gewissermaßen ins Unendliche. Zugleich wirkt die Chance eines mehrfachen Lebens auf Bewährung den »Verpassensängsten« entgegen, die diese Lebensweise selber hervorruft und die immer mehr zunehmen, weil man der Menge der Möglichkeiten gar nicht mehr gerecht werden kann. Die Bibel spricht aber vom Menschen nicht als einem »Macher« mit unbegrenzten Möglichkeiten, sondern als einem vergänglichen Wesen: *»Du lässt die Menschen vergehen wie das Gras, das am Morgen blüht und sprosst und am Abend welkt und verdorrt«* (Psalm 90,5+6). Doch gerade in dieser Vergänglichkeit liegt die Würde des Menschen. [13]

> [13] Gott schenkt dem Menschen eine begrenzte Lebenszeit, die er in Freiheit gestalten soll. Jedes Leben hat in jedem seiner Momente eine einzigartige Bedeutung.

Jeder Augenblick des Lebens ist einmalig und kommt nie wieder; gerade darum ist er unendlich wertvoll: *»Unsere Tage zu zählen lehre uns, damit wir ein weises Herz bekommen!«* (Psalm 90,12)

Was am Ende zählt

Was verleiht dem Leben bleibenden Wert, wie erfüllt Gottes Anrede den vergänglichen Augenblick mit Ewigkeit? Die biblische Antwort darauf zeigt eine bemerkenswerte Parallele zu so genannten »Nahtoderfahrungen«. Deren Bedeutung liegt nicht darin, dass sie ein Leben

»Das Jenseits ist die Kraft des Diesseits« (Ernst Troeltsch)[41]

Sandhur mit Flügeln auf einem barocken Grabstein an der Friedenskirche in Jawor / Schlesien

über den Tod hinaus »beweisen« könnten. Sie bleiben Erfahrungen an der Grenze des Todes und gehen nicht darüber hinaus. Die typischen Elemente von Nahtoderfahrungen - wie das Heraustreten aus dem Körper und das Licht am Ende eines Tunnels – können zwar hirnphysiologisch erklärt und sogar experimentell erzeugt werden.[39] Aber kein Laborversuch hat bisher erreicht, was Betroffene als entscheidende, lebensverändernde Erfahrung beschreiben: Der Tod verliert seinen Schrecken und der Maßstab für das, was wichtig ist im Leben, verschiebt sich vom Materiellen auf soziale und spirituelle Werte – Liebe und Lebensweisheit; in einer Art innerem »Gericht« wird Beschämung oder Befriedigung darüber empfunden, inwieweit diese Werte das bisherige Leben bestimmten.[40] Eine dramatische Konfrontation mit der eigenen Endlichkeit führt zu einer intensiven Besinnung auf das Wesentliche.

Inhaltlich ähnlich heißt es in der Bibel: »*Was bleibt, sind Glaube, Hoffnung und Liebe, diese drei; aber die Liebe ist am größten unter ihnen*« (1 Korinther 13,13). Im besten Fall bleiben sie in der Erinnerung nahestehender Menschen, in jedem Fall bleiben sie bei Gott. Darum hat Gott vielleicht ein ganz anderes Bild von einem Menschen als sich dessen Persönlichkeit in seinem Leben nach außen darstellte – vielleicht sogar anders als dieser Mensch sich selber wahrgenommen hat. Manche »große Nummern« in dieser Welt stellen sich vor Gott vielleicht als klägliche Figuren heraus, gemessen an ihrem Vertrauen, ihrer Hoffnung und ihrer Liebe. Und manche in dieser Welt unscheinbare Menschen werden vor Gott vielleicht eine beeindruckende Gestalt gewinnen. Das »Endgericht« könnte man dementsprechend verstehen als beschämende oder befriedigende Bereinigung des Lebens von allem, was nicht Vertrauen, Hoffnung und Liebe war – so ist wohl auch das Bildwort vom »Fegefeuer« (1 Korinther 3,12–15) ursprünglich gemeint. [14]

Wer glaubt, hofft und liebt, lebt hingebungsvoll. Hingabe übersteigt die einzelne Existenz und geht im Letzten aufs Ganze. Daraus ergeben sich Fragen: Was wird aus den Anderen? Was wird aus dieser Welt? Es zielt nicht nur auf die eigene Eingewöhnung in die Ewigkeit, wenn Menschen in der Auseinandersetzung mit dem Tod wissen wollen: »Sehen wir nach dem Tod unsere Lieben wieder?« Hier äußert sich die Verbundenheit in Liebe mit nahestehenden Menschen über das irdische Lebensende hinweg. Vielleicht auch von der Sehnsucht motiviert, vergängliche Verhältnisse ins Unendliche zu verlängern. Doch hier gilt wiederum: Wir werden alle verwandelt werden. Wir dürfen auf ein Wiedersehen hoffen, müssen

> [14] Es gibt keine Verwandlung ohne Hingabe.[42]

uns aber fragen, wie wir uns wiedererkennen werden. An einer Nelke im Knopfloch doch wohl kaum. Am ehesten wäre als Vorbereitung hilfreich, die Anderen schon hier und jetzt vor allem in ihrem inneren Profil des Glaubens, der Hoffnung und der Liebe wahrzunehmen.

Karl Barth antwortete bekanntlich auf die Frage, ob wir unsere Lieben nach dem Tod wiedersehen werden: »Ja, aber die anderen auch!« Denkt man dies konsequent zu Ende, stellt sich die Frage, ob das Wirken Gottes in der Welt und an den Menschen letztlich auf eine strenge Scheidung der Guten von den Bösen in einem »Jüngsten Gericht«, in Himmel und Hölle hinausläuft oder ob so etwas wie eine Allversöhnung vorstellbar ist: Werden am Ende alle bei Gott sein (wenn auch in unterschiedlicher Ausprägung ihrer inneren Persönlichkeit), wenn »alles versöhnt« sein wird (Kolosser 1,20) mit Gott, dem »Retter aller Menschen« (1 Timotheus 4,10)? Würde aber damit nicht jegliche Verantwortung, das Leben nach Gottes Maßstäben gut zu gestalten, ebenso unerheblich wie die Rechenschaft über den eigenen Glauben und seine Weitergabe an Andere überflüssig? Fragwürdig ist an diesem Einwand, dass hier christliche Lebensäußerungen wie Moral und Mission von der Angst vor Strafe und dem Streben nach Belohnung motiviert scheinen. Wer dagegen aus der Hingabe in Glauben, Hoffnung und Liebe lebt, sucht nach erfülltem Leben und schätzt Maßstäbe für gelingendes Leben, stellt aber endgültige Bewertungen der Gnade Gottes anheim. Und kann auch aushalten, wenn dieses Leben »Stückwerk« (1 Korinther 13,10) bleibt und sich nicht zu einem gelungenen Ganzen fügt – Gott wird es vollenden. [15]

> [15] Auf die Rechtfertigung durch Gott hoffen heißt: Auf letzte Urteile über sich oder andere zu verzichten, ohne die Maßstäbe gelingenden Lebens aufzugeben.

Wenn die menschliche Existenz auf eine Verwandlung und ein Neuwerden hoffen darf, warum nicht auch die ganze Welt? Diese Hoffnung steht hinter der Bitte im Vaterunser »Dein Reich komme« und mündet am Ende der Bibel in die Vision eines neuen Himmels und einer neuen Erde, wo weder Tod noch Leid mehr sein werden (Offenbarung 21,1ff). Auch hier steht das Neue in einem unumkehrbar durch Gottes Schöpferkraft gesetzten Zusammenhang mit dem Gegenwärtigen: Alle Sehnsüchte nach einem friedlichen Miteinander der Menschen bündeln sich im Bild des »neuen Jerusalem«. Die Erwartung richtet sich ebenso wenig auf eine Geschichte, die linear zu einer besseren Zukunft fortschreitet, wie auf eine ewige Wiederkehr des Gleichen. Vergangenes und Kommendes rücken vielmehr einander nahe, die Zeit krümmt sich gewissermaßen da, wo Gott gegenwärtig ist als derselbe, der er war und der da ist und der kommen wird.[43] Daher verzehrt sich christliche Hoffnung nicht in der Vertröstung auf ein Jenseits, sondern vertraut darauf, dass Gottes Zuspruch unsere Lebenszeit in seine Ewigkeit umgestaltet – und wir uns antwortend-verantwortend darauf ausrichten und daran teilhaben können. Insofern kann die Hoffnung des Glaubens getrost im Hier und Jetzt dem Rat folgen: *»Versprecht euch nicht zu viel vom Ende der Welt.«*[44]

6. Wohin führt der Weg der Kirche, wenn sie Gottes Spuren folgt?

Visionen für die Zukunft

Wer in unserer Gesellschaft Visionen hat, die seine Wahrnehmung der Wirklichkeit beeinflussen, kommt früher oder später in psychiatrische Behandlung. Anders in der Kirche: Hier kommt man mit Visionen in Ausschüsse, die für die Zukunft der Kirche planen und Visionen »erden«[45] – also im ursprünglichen, technischen Wortsinn: unschädlich machen. Tatsächlich neigt die Kirche als Institution dazu, Visionen in Prognosen mit programmatischer Perspektive zu verwandeln – so können sie nicht mehr als Geistesblitze einschlagen in die scheinbare Selbstverständlichkeit von Strukturen, Statistiken und Sachzwängen. Prognosen fragen, was aus dem werden könnte, das schon da ist, indem sie laufende Entwicklungen hochrechnen und vorhandene Ansätze weiterführen. Doch es kommt immer anders, als man denkt. Daraus sollte man allerdings nicht den erzkonservativen Trugschluss ziehen, man müsse nur aufhören zu denken, damit es nicht anders komme.

Die Kirche braucht mehr als eine vorausschauende Finanzverwaltung oder eine mittelfristige Personalplanung, die eine Versorgung der Gemeinden mit Gottesdiensten und Amtshandlungen (vor allem Taufen) gewährleisten sollen. Sie braucht Freiräume für Visionen, in denen Möglichkeiten der Glaubensentfaltung und Gemeindentwicklung aufleuchten, die jenseits des Horizontes eines selbsternannten »vernünftigen Realitätssinnes« liegen. Ebenso wie Ansichten, in denen Wirklichkeit und Wahn verschwimmen, werden religiös-ekstatische Ausblicke wohl deshalb »Visionen« genannt, weil sie aus dem Rahmen des Vertrauten und Verfügbaren herausfallen. Sie stellen uns vor die Frage, warum nicht sein könnte, was noch nicht ist. Aber nicht alle Visionen führen weiter. Visionen für die Zukunft der Kirche sind an den biblischen Verheißungen zu messen: Nehmen sie wahr, was Gott den Menschen zusagt, zutraut und zumutet? Eröffnen sie Perspektiven einer barmherzigen, gerechten, friedlichen, gemeinschaftlichen Welt? Verbinden sie Voraussicht mit ethischer Verantwortung? Und beflügeln sie die Kreativität? Diese Fragen markieren die Grenze zwischen Visionen als Herausforderungen und Überforderungen.

Die Bibel beginnt mit der Schöpfungsverheißung, dass Gott aus dem Nichts etwas machen kann (Genesis 1,1ff), und schließt mit der Vollendungsverheißung, dass Gott den Menschen aus der Zukunft entgegenkommt und in der endgültigen Gemeinschaft mit ihm kein Schmerz, Leid und Tod mehr sein werden. Diese Hoffnungsvision wird versinnbildlicht durch das »neue Jerusalem« (Offenbarung 21,2), das Ur- und Vorbild der heiligen Stadt aufnehmend und zugleich überbietend: Nicht mehr ein bestimmter Ort (der Tempel) repräsentiert das Zentrum des Glaubens, sondern Gott selber ist als Mitte präsent. Das verheißene Neue ist anders als das Gewohnte und übertrifft alles Erwartete, doch es ähnelt dem, was immer schon wesentlich war für ein Leben in der Beziehung zu Gott. Darum beschreiben die biblischen Verheißungen eine eigentümliche Bewegung in der Zeit, in der sich Vergangenheit und Zukunft in der Gegenwart Gottes verschränken. 16

16 Der Weg in die Zukunft führt über die Umkehr zum Wesentlichen. Reformation als bleibende Aufgabe heißt: die Gemeinschaft der Glaubenden in diese Bewegung bringen.

Glauben mit Protest-Potential

Evangelischer Glaube hat eine innere Nähe zu Visionen, weil ihm die kritische Frage, ob Kirche und Gesellschaft nicht auch anders und besser gestaltet sein könnten, gleichsam in die Wiege gelegt ist. Auf dem Reichstag in Speyer 1529 protestierten die Anhänger der evangelischen Erneuerung gegen die kaiserliche Anordnung, zur katholischen Tradition zurückzukehren. Sie wollten die Verhältnisse, wie sie bisher waren, nicht mehr hinnehmen und beriefen sich auf ihr »gutes Gewissen« und den Gehorsam gegenüber Gott, den alleinigen »Erschaffer, Erhalter, Erlöser und Seligmacher«.[46] Von nun an wurden die Evangelischen auch »Protestanten« genannt und bezeichnen sich schließlich selber so. [17]

Denn nur ein freies Gewissen kann die Verantwortung für Neugestaltungen wahrnehmen, die nicht allein äußere Verhältnisse, sondern auch innere Haltungen verändern.

> [17] Protestantisches Profil zeigt sich darin, Gewissensfreiheit als Grundrecht zu befürworten und jeder menschlichen Macht zu widersprechen, die sich zur letzten Wahrheit erhebt.

In den Anfängen der Reformation schrieb der radikale Flügel der so genannten »Schwärmer« die Umgestaltung von Kirche und Gesellschaft auf seine Fahnen und wollte die Welt mit aller Gewalt besser machen. Entfesselter Idealismus schlug in Zwang und Unterdrückung um. Am Ende scheiterte er am Widerstand der alten Mächte in Klerus und Politik. Bis heute hängen am Turm der Lambertikirche in Münster die eisernen Körbe, in denen die Anführer der Täuferbewegung, die ein »Neues Jerusalem« errichten wollten, nach ihrer Hinrichtung 1535 zur Schau gestellt wurden. In den folgenden Jahrhunderten schlossen die neu entstandenen evangelischen Landeskirchen

Dietrich Bonhoeffer (in London auf dem Rückweg von Amerika nach Deutschland, Juli 1939)

ein »Bündnis von Thron und Altar« mit der Staatsmacht und schränkten das kritische Potential des Protestantismus ein – sie stritten allenfalls mit der katholischen Kirche um die Vorherrschaft über die Seelen. Waren gerade keine Katholiken zum Kritisieren da, stritten sie gerne auch untereinander, ob die Lutheraner (die im deutschen und skandinavischen Raum den Ton angaben) oder die von Zwingli und Calvin geprägten Reformierten (die sich in den Niederlanden, der Schweiz und Ungarn durchsetzten) das Evangelium für sich gepachtet hatten.

> Von guten Mächten wunderbar geborgen,
> erwarten wir getrost, was kommen mag.
> Gott ist bei uns am Abend und am Morgen
> und ganz gewiß an jedem neuen Tag.
>
> Dietrich Bonhoeffer, Gedicht (entstanden in der Gestapo-Haft in Berlin, Ende 1944)[47]

Die vom preußischen König 1817 verordnete Vereinigung von Lutheranern und Reformierten unter einem gemeinsamen Kirchendach blieb in Kompromissen und Kirchenordnungsmaßnahmen stecken, auch wenn »unierte« Kirchen (z.B. im Rheinland) bis heute bestehen. Zu einer gemeinsamen Glaubensäußerung fanden die unterschiedlichen evangelischen Richtungen erst wieder im Jahre 1934 zusammen. Bedrängt vom Nationalsozialismus und seiner Vereinnahmungspolitik erklärte die erste »Bekenntnissynode« der Deutschen Evangelischen Kirche in Barmen (heute ein Ortsteil von Wuppertal), dass sie neben dem Evangelium von Jesus Christus, der aus gottlosen Bindungen befreit zu »dankbarem Dienst an seinen Geschöpfen«, keine anderen »Ereignisse und Mächte, Gestalten und Wahrheiten als Gottes Offenbarung«[48] anerkenne.

Darum dürfe auch keine Instanz innerhalb der Kirche die Herrschaft über andere beanspruchen: Die »verschiedenen Ämter in der Kirche« sind alle gleichwertig als »Ausübung des der ganzen Gemeinde anvertrauten und befohlenen Dienstes«[49]. Auch das Pfarramt verleiht keine höhere Weihe, sondern vertritt und verantwortet kompetent, kommunikativ und gegebenenfalls auch kirchenkritisch, worauf der Glaube aller gründet: die Verkündigung des Wortes und die Gabe der Sakramente. Frauen können dieses Amt ebenso wie Männer ausüben, weil alle ohne Unterschied »in Christus eins« sind (Galater 3,28).

Kirche als Beziehungsgröße

Das Herkömmliche wird nicht einfach zum Zukünftigen, wenn es Veränderungen lange genug übersteht. Nur unverbesserliche Traditionalisten hegen die heimliche Hoffnung, sie müssten nur geduldig in kirchlichen Nischen kauern, bis das Alte wieder modern wird. Das Vertraute bietet in einer sich ständig wandelnden Welt lediglich einen vorläufigen Rahmen zur Orientierung, den man nicht nostalgisch vergolden, aber auch nicht bilderstürmerisch zertrümmern darf. Der Rahmen ist hilfreich, um dem gelebten Glauben eine Form zu geben. Aber er ist nicht heilsnotwendig, wie er ist. Die

Reformatoren sprachen von »Adiaphora«, freigestellten Gebräuchen, die man beibehalten oder auch verändern kann. Nach evangelischem Verständnis steht es z.B. der Gemeinde vor Ort frei zu entscheiden, wie die Liturgie, d.h. der Ablauf von Gottes Wort, Gebet und Gesang im Gottesdienst gestaltet werden soll.[50] 18

Verglichen mit einer straff hierarchischen Organisation wie der römisch-katholischen Kirche ist es für Evangelische langwieriger und schwieriger, sich auf gemeinschaftliche Positionen zu einigen. Dafür bietet die überschaubare Struktur mehr Möglichkeiten der Beteiligung: Entscheidungsprozesse wie die Besetzung einer Pfarrstelle finden an der Basis statt; Leitungsgremien wie Presbyterien (Gemeindevorstände) oder Synoden (übergeordnete Versammlungen von Gemeindevertretern) werden durch Wahlen von unten nach oben legitimiert; Erfahrungen und Erfordernisse der Menschen vor Ort können unmittelbar in die Gestaltung des Gemeindelebens und der Gottesdienste einfließen und die kirchlichen Ausdrucksformen zeitnah dem gegenwärtigen Sprachverständnis angepasst werden.

> 18 Die entscheidende Instanz und geistliche Keimzelle in der evangelischen Kirche ist die Gemeinschaft der Glaubenden vor Ort, nicht bestimmte Funktionen, Ämter oder Amtsträger.

Dazu sollte man die Kirche im Dorf lassen. Während Unternehmen wie z.B. Kreditinstitute ihren Kundendienst zentralisieren und der Laden um die Ecke dem Einkaufszentrum auf der grünen Wiese weicht, brauchen Glaube, Hoffnung und Liebe die Filiale vor Ort. Eine Gemeinde ist allerdings mehr als nur eine Gebietsgröße: Sie bietet der Beziehung zu Gott und der Begegnung zwischen Menschen ein Zuhause. Wo sie räumlich am besten untergebracht ist, wird in Zukunft flexibler zu überlegen sein als es ein Denken gewohnt ist, das sich um den

Baubestand des nächstliegenden Kirchturms dreht. »Die Wahrheit braucht keine Dome«, predigte Peter Beier provokant zur Wiedereinweihung des Berliner Doms 1993: »Das liebe Evangelium kriecht in jeder Hütte unter und hält sie warm. Die Evangelische Kirche braucht auch keine Dome. Bescheidenheit steht ihr an.«[51]

Die Herausforderung besteht für die evangelische Kirche darin, die Gemeinschaft des Glaubens nicht auf die vertraute Bezugsgruppe der Ortsgemeinde zu beschränken. Ökumenische Verbundenheit über konfessionelle und regionale Grenzen hinaus lebt von der Begegnung, sie braucht das gemeinsame Glaubensleben ebenso wie das Glaubensgespräch, die gegenseitige Bereicherung im Beten und Feiern des Gottesdienstes ebenso wie die wechselseitige Verständigung über Wertvorstellungen und Bibelauslegung. Was die evangelischen Gemeinden mit allen Christen verbindet, ist nichts anderes als das, worauf die Vielfalt ihrer Glaubensformen zurückzuführen ist: das Bekenntnis zum erschaffenden, erlösenden und neu schaffenden Gott (traditionell ausgedrückt: Vater, Sohn und Heiliger Geist). Christen sprechen von Gott als »Dreieinigkeit« (Trinität) und bringen damit zum Ausdruck, dass Gottes innerstes Wesen Liebe ist und Vielfalt in sich vereint. Liebe ist Leben in Beziehung, angelegt auf den Austausch miteinander und das Dasein füreinander. Sie bleibt nicht für sich, sondern sucht die Begegnung mit dem anderen. Die Botschaft des Evangeliums lautet: Gottes Wesen ist Liebe (1 Johannes 4,16), die sich in der Zusage seiner Zuwendung äußert.

Glauben als Gehalten-Werden

Liebe ist ein Handeln aus Freiheit. In der evangelischen Tradition wird deshalb besonders betont, dass Gottes Zuwendung zum Menschen allein aus Gnade (*sola gratia*) geschieht. Der Mensch kann sie sich weder durch fromme Leistungen verdienen noch in religiösen Ritualen über sie verfügen. Er kann sie nur suchen und sich ihr öffnen, um zu empfangen, immer mehr zu erfahren und sich dadurch weiter zu entwickeln. Der Glaube besteht nicht darin, dass der Mensch an Gott festhält, sondern dass er gehalten wird von Gott: »Dennoch bleibe ich stets an Dir, denn Du hältst mich bei meiner rechten Hand« (Psalm 73,23). Darum wählte die »Bekennende Kirche« im Widerspruch gegen den Nationalsozialismus auf ihrem Siegel die Worte »teneo quia teneor«, d.h. ich halte fest, ich halte stand, ich halte durch, weil ich gehalten werde. [19]

Diese »Haltung« des Glaubens entsteht vor allem an den Berührungspunkten, an denen Gott dem Menschen am nächsten kommt: im Wort und im Sakrament. Sie bringen, so betont das Augsburger Bekenntnis von 1530, das Evangelium in der Gemeinschaft der Glaubenden maßgeblich zum Ausdruck.[52] Denn *die Gemeinschaft der Glaubenden lebt von der Verheißung, dass Gott durch die Worte der Bibel zu den Menschen redet*, d.h. die Worte so inspiriert, dass sie hilfreich und heilsam wirken. Sie kann die Gottesrede aber nicht als Gegenstand ihrer Glaubenssprache »dingfest« machen, so dass sie in Dogma und Predigt immer schon zu sagen wüsste, wie Gott ist und wo er wirkt und was er will. Wer Gottes Wesen ein für allemal auf einen Begriff bringen will, hat nichts von ihm begriffen.

[19] Die Gewissheit des evangelischen Glaubens gründet in seinem Gehalten-Werden.

»Der Buchstabe tötet, aber der Geist macht lebendig« (2 Korinther 3,6): Wer die Bibel als Heilige Vor-Schrift versteht, die alle Bereiche des Menschseins reglementiert, zwängt das Leben in eine Ordnung, ohne eine Beziehung zu Gott schaffen zu können, und gibt Orientierung, ohne Perspektiven zu bieten. Luther empfahl einen anderen Zugang zu den biblischen Texten, den er in Anlehnung an Psalm 119 als *oratio*, *meditatio* und *tentatio* beschrieb:[53] Sich *betend* auf die Texte einlassen als Eröffnung eines Gesprächs mit Gott, sie *meditierend*-wiederholend auf sich wirken lassen und sich von ihnen *herausfordern* lassen. So kann in den Buchstaben (und zwischen den Zeilen) die An-Rede des Geistes vernehmbar werden.

Echte Begegnung lebt vom Zuhören. Was für den Umgang mit den biblischen Texten gilt, ist auch im Umgang der Menschen miteinander wesentlich. Indem sie das achtsame Hinhören einübt, wirkt die »Kirche des Wortes« einem Defizit unserer modernen Kommunikationsgesellschaft entgegen. Denn wir reden immer mehr und hören immer weniger zu. Die Achtsamkeit wird von der Fülle und raschen Folge der Informationen erdrückt; der flüchtige Kontakt ersetzt die Begegnung, die Raum zum Reden *und* Zeit zum Zuhören braucht.

Gesellschaftliches Gehör findet die »Kirche des Wortes« in Zukunft nicht dadurch, dass sie auf alle Fragen eine Antwort wüsste oder zu jedem Thema etwas zu sagen hätte, sondern vielleicht gerade dann, wenn sie auch dem Schweigen Raum gibt. Durch stummen Widerspruch gegen die Inflation des Geredes bewahrt das Schweigen die Würde des Wortes. Die Theologie, die an der Grenze des Sagbaren von Gott spricht, ist immer auch »Mystik« – und das heißt im ursprünglichsten Wortsinn: Schließen der Lippen.

In der heutigen Welt – der lautesten, die es jemals gab – können Zeiten und Räume des Schweigens in christlichen Kirchen, Gottesdiensten und Angeboten der Andacht als wohltuende »Diakonie der Stille« (Wilhelm Stählin) wirken. Zugleich bezeugt das Schweigen die Unverfügbarkeit des Gotteswortes. Es unterbricht die Selbstsicherheit einer Kirche, die alles erklären, kommentieren, mit Gott in Zusammenhang bringen will, und eröffnet die Möglichkeit, hineinzuhören in die Stille, um Gottes »Stimme verschwebenden Schweigens« (1 Könige 19,12 nach der Übersetzung von Martin Buber) zu vernehmen.

Gewissheit gewinnt der Glaube – so Martin Luther – allein aus dem Zu-Spruch Gottes, seiner Wahrheit und Verheißung, *»extra nos«*, außerhalb unserer selbst.[55] Dieser Zuspruch kann sich auch zeichenhaft vermitteln, im Sakrament. Neben der Taufe, die als Kindertaufe besonders versinnbildlicht, dass Gottes Zuwendung allen menschlichen Entscheidungen und Leistungen vorausgeht, *lebt die Gemeinschaft der Glaubenden von der Verheißung, dass Jesus Christus sich im Abendmahl selber mitteilt*, gegenwärtig wird in Brot und Wein: »Das ist mein Leib, dieser Kelch ist der neue Bund Gottes in meinem Blut« (1 Korinther 11,23–25). Die Sache steht ganz für die Person. Luther erklärte es so: Wenn ich auf ein Holzfass zeige und sage »Das ist Rheinischer Wein«, vergegenwärtigt das Zeigen auf die sichtbare Form den unsichtbaren Inhalt.[55] Dazu gehört allerdings auch das Vertrauen, dass wirklich das eine im anderen enthalten ist.

Die Feier des Abendmahls beinhaltet, was Christus verkörpert: Dankbar die Gaben des Lebens aus Gottes Hand empfangen, gestärkt werden durch die Verbindung mit Gott und mit anderen Glaubenden, miteinander teilen, versöhnt werden, so dass die Verfehlungen der Vergangenheit keine Macht mehr über die Gegenwart haben. Das Verheißene verwirklicht sich, wo es voller Vertrauen angenommen wird. Jesus Christus wird ganz gegenwärtig im glaubenden Empfangen von Brot und Wein. Vor und nach dem gottesdienstlichen Gebrauch sind Brot und Wein nach evangelischem Verständnis keine geweihten Dinge,[56] sondern einfache Lebensmittel, die als gute Gaben Gottes achtsam behandelt werden sollten, aber keinen besonderen Aufbewahrungsort wie den Sakramentsschrank (Tabernakel) in katholischen Kirchen brauchen.

Gott auf der Spur

Was wird es in Zukunft bedeuten können, evangelisch zu sein? [20]

Jesus »nachfolgen« sagt die Bibel dazu. Nachfolge beginnt mit der Besinnung auf das Wesentliche: »Ändert euren Sinn und vertraut auf das Evangelium« (Markus 1,15). In einer Zeit, in der beschleunigte Veränderungen den Alltag hektisch überdehnen und zugleich immer größere Lücken sinnentleerter Langeweile aufreißen, kann die Kirche »Ruhe ins Spiel« bringen, um sich darauf zu besinnen, was wirklich wichtig ist im Leben und was heilsam helfen kann, damit das Leben gelingt.

> [20] Evangelisch sein heißt auch in Zukunft: Gott weiterhin auf der Spur bleiben, der in Jesus Christus ein für allemal gezeigt hat, wie er unterwegs ist in der Welt, hin zu den Menschen und vorwärts zu einer barmherzigen, gerechten, friedlichen, gemeinschaftlichen Lebenswirklichkeit.

Zugleich kann eine Gemeinschaft der Glaubenden, die der »göttlichen Dynamik« des Evangeliums (Römer 1,16) folgt, nicht dabei stehen bleiben, unfehlbare Erkenntnisse festzuschreiben oder an früheren Erfahrungen wie an ewigen Gesetzen festzuhalten. Ein älterer Presbyter fasste seine Treue zum Evangelium einmal in die frommen Worte: »Ich stehe seit 50 Jahren fest im Glauben.« – »Ja, das stimmt«, sagte sein Bekannter neben ihm, »seit 50 Jahren *stehst* du im Glauben – immer auf derselben Stelle!« Wenn Gott aber nicht »immer auf derselben Stelle« zu finden ist – wie können wir ihm auf der Spur bleiben? Vielleicht helfen einige Hinweise von einer

Institution, die sehr erfahren ist in der Spurensuche: der Polizei.

Ausgangspunkt ist eine skurrile, aber keineswegs erfundene Geschichte:[57] Ein Mann stellt sein Fahrrad in der Kölner Innenstadt ab, das Fahrrad wird gestohlen. Er erstattet Anzeige – und zwar gegen Gott. Er gibt zu Protokoll: »Wegen des Diebstahls habe ich Gott in Verdacht, der mich schon ein Leben lang terrorisiert.« Mitten im Alltag stellt der Mann einen Bezug her zu einer Wirklichkeit, die alles Bestehende übersteigt, um dem, was unberechenbar ist und »dazwischenkommt«, einen Sinn abzugewinnen. Er braucht die Religion, um Zufall in Schicksal zu verwandeln. In der Sprache der Religionswissenschaft ausgedrückt: Er betreibt »Kontingenzbewältigung«[58]. Darin zeigt sich ein typischer Lebensbezug von Religion. [21]

Die Frage, ob Gott Fahrräder klauen könne, findet sich nicht im klassischen Katechismus. Die Kirche darf solche Fragen nicht von vornherein als unzulässig abtun – ist der Verdacht, dass Gott stiehlt, wirklich absurder als andere Glaubensvorstellungen in der Kirchengeschichte, z.B. dass es eine gottgewollte Überlegenheit des Mannes über die Frau gäbe oder Kreuzzüge und Inquisition gottgefällig seien oder die Politik militärischer Abschreckung eine christliche Mission erfülle? Die Kirche kann aber neue Fragen mit vertrauten Problemstellungen und deren theologischer Klärung in Zusammenhang bringen, z.B. mit der Frage, wie Gott sich zum Bösen in der Welt verhält: Lässt er es nur zu oder verursacht er es selber?

> [21] Eine Kirche, die Gott auf der Spur bleibt, muss mit neuen Fragen rechnen.

Die Polizeidienststelle, bei der die Anzeige eingeht, hat damit eine formale Schwierigkeit: Kann sie die Anzeige gegen Gott als eine »Anzeige gegen Unbekannt« einstufen? Deshalb wendet sie sich an den damaligen Kölner Dompropst Bernard Henrichs und bittet um »eine Anschrift des Beschuldigten«. Wo wohnt Gott? In dieser scheinbar naiven Frage steckt das Problem, ob es bestimmte Orte gibt, an denen Gott erfahrbar wird. Natürlich ist Gott nicht an eine Adresse mit Hausnummer gebunden. »Sollte Gott wirklich auf Erden wohnen?«, fragt König Salomo (1 Könige 8,27) – und zwar ausgerechnet bei der Einweihung des ersten Gotteshauses Israels in Jerusalem!

Weil Gott der »Grund« und die »Tiefe« des Seins ist,[59] kann er dem Menschen in jedem Moment des Daseins begegnen. Ein bestimmter Erfahrungsraum wird aber nicht deshalb zum Ort der Gottesbegegnung, weil Menschen dort Gott suchen, sondern dadurch, dass Gott ihn erwählt (wie z.B. den Tempel in Jerusalem, vgl. 1 Könige 8,16). Nach evangelischem Verständnis hat Gott – wie bereits erwähnt – vor allem das gepredigte Wort des Evangeliums und die Zeichenhaftigkeit der Sakramente erwählt, um darin den Menschen zu begegnen. Heutzutage scheint das religiöse Interesse allerdings an diesen Orten der Erfahrbarkeit Gottes vorbeizugehen bzw. aus ihnen auszuwandern. [22]

Die evangelische Kirche muss Menschen befähigen, eigene Worte für die Begegnung mit dem »Grund« und der »Tiefe« des Seins zu finden. Wie zum Beispiel Worte der Anbetung und der Dankbarkeit, die davon sprechen, dass nichts selbstverständlich ist im Leben, dass jeder Tag, jede Begegnung, jedes Erlebnis wie ein Geschenk ist – oder, um es mit einem traditionellen Begriff aus der Bibel zu sagen: eine Gnade. Oder Worte

> [22] Eine Kirche, die Gott auf der Spur bleibt, muss die Worthaftigkeit des Evangeliums ausweiten auf die Sprachfähigkeit des Glaubens.

der Verantwortung gegenüber Gott und der Wegweisung durch seine Gebote, die Orientierung geben und Werte vermitteln. [23]

Die evangelische Kirche muss Menschen befähigen, ihre religiöse Haltung – bzw. ihr Gehalten-Werden durch Gott – auszudrücken in »heiligen«, mitten im Alltag über das Alltägliche hinausgehenden Handlungen. Wie zum Beispiel ein schlichtes Gute-Nacht-Gebet mit Kindern vor dem Schlafengehen oder ein Tischgebet nicht nur im privaten Rahmen, sondern auch öffentlich im Restaurant. Oder geistliche Gebräuche (»Rituale«) außerhalb des sonntäglichen Gottesdienstes. In meiner – nicht übermäßig frommen – Familie hat es sich beispielsweise eingebürgert, bei allen Familienfesten, sei es Taufe, Geburtstagsfeier oder Beerdigung, das »Irische Segenslied« anzustimmen.

> [23] Eine Kirche, die Gott auf der Spur bleibt, muss die Zeichenhaftigkeit der Sakramente ausweiten auf sichtbare Formen des Glaubens im Alltag.

Ganz anders als das evangelische Bekenntnis zu Wort und Zeichen verortet der Kölner Dompropst Henrichs die Erfahrbarkeit Gottes. Er reagiert auf die Frage nach der Anschrift Gottes mit einer grundsätzlichen Erklärung, die auf den ersten Blick keine Antwort gibt, bei genauerem Hinsehen aber eine sehr klare Vorstellung vermittelt, wo Gott zu finden ist: »Sollte der Anzeigende mit seinem Fahrrad […] immer wieder gegen die Ordnungsvorschriften verstoßen haben, […] kann ich mir schon vorstellen, daß der von dem Anzeigenden in Verdacht Genommene durch einen solchen Diebstahl Ruhe und Ordnung bringen wollte. Sollte […] der Anzeigende ein ordnungsgemäßer Verkehrsteilnehmer sein, so muß ich den Verdacht mit dem Ausdruck tiefer Erschütterung zurückweisen, denn der von ihm bezeichnete Täter kann nur seinen Namen zu Recht tragen, wenn er Gerechtigkeit, Frieden und Liebe in seinem Tun verwirklicht.«

Gott wird erfahrbar in einer moralischen Ordnung, die Henrichs mit den Begriffen »Gerechtigkeit, Frieden und Liebe« kennzeichnet. Er hält sogar für möglich, dass Gott ausnahmsweise, um diese höhere Ordnung aufrechtzuerhalten, auch von ihm selbst verfügte Einzelvorschriften – wie das Gebot, nicht zu stehlen – übergehen kann. Auf jeden Fall begegnet Gott dem Menschen so, wie es dessen Verhalten entspricht: Wer Gutes tut, dem ergeht es gut, wer schlecht handelt, dem widerfährt Böses. Hier droht die Gefahr, Gott in ein moralisches Prinzip zu verwandeln. Dass dieses Prinzip nicht mit der Lebenserfahrung übereinstimmt, zeigen exemplarische Texte im Alten Testament: Der Beter des 73. Psalms kämpft mit der Frage »Warum geht es den Schlechten so gut?«; das Hiobbuch kreist um das Problem »Warum geht es dem Guten so schlecht?«. [24]

[24] Eine Kirche, die Gott auf der Spur bleibt, muss die ganze Wirklichkeit des Lebens, die nicht in einfachen Erklärungsmustern aufgeht, in Beziehung zu Gott wahrnehmen lernen.

Die Kirche darf auch – den biblischen Beispielen folgend – Gott ihr Leid klagen. Darin kann sie denen eine Stimme geben, die sonst durch schwere und schlechte Erfahrungen verstummen oder durch ungerechte Verhältnisse mundtot gemacht werden. Wer klagt, geht nicht sang- und klanglos im Leiden oder in der Gleichgültigkeit unter, sondern hat noch Hoffnung. Als Jesus am Kreuz schrie »Mein Gott, warum hast Du mich verlassen?« (Markus 15,34), gab es für ihn immerhin noch ein »Du« Gottes. Dass nicht das Kreuz das letzte Zeichen der Gegenwart Jesu in der Welt blieb, sondern Gott den Gekreuzigten zu neuem Leben erweckte, ist der zentrale Zusammenhang des christlichen Glaubens: Wo sich nach menschlichem Ermessen nichts als Scheitern und

Lucas Cranach, Katharina Luther, um 1526; Öl auf Eichenholz, 21,5 × 15,5; Privatbesitz, Hamburg

Sterben offenbart, macht Gott neue Anfänge möglich. Er tritt oft anders in Erscheinung, als wir erwarten, und zeigt sich in seinen Wirkungsweisen vielfältiger, als wir es uns vorstellen. Das lässt auch hoffen für eine Kirche, die über Mitgliederschwund und Werteverfall, Traditionsabbruch und Bedeutungsverlust klagt.

> Die Zukunft der Kirche ist nicht denkbar ohne die fürsorgliche Vernunft der Frauen und die Gestaltungskraft ihres Glaubens. Sie leisten den größten Teil der Arbeit, kommen aber immer noch nicht im gleichen Maße zu Wort.
>
> Käthe Luther (Zitat nicht gesichert, aber sicherlich zutreffend)

Die Geschichte vom gestohlenen Fahrrad und der Anklage gegen Gott findet ihren (vorläufigen) Abschluss darin, dass der Polizeibeamte, der den Fall bearbeitet, auf das Antwortschreiben des Dompropstes hin verspricht, er wolle »in Zukunft ein gottgefälliges Leben führen« und »nach seinem Ableben den Beschuldigten zur Sache befragen, um dann gegebenenfalls zum Aktenzeichen nachzuberichten«. Dieser ebenso bußfertige wie launige Aktenvermerk hält das Bewusstsein wach, dass alle menschlichen Erkenntnisse und Entscheidungen unter dem Vorbehalt des Vorläufigen und Vorletzten stehen. Gott, der jede erfahrbare und erfassbare Wirklichkeit übersteigt, wird das letzte Wort behalten.

7. Ist Gelassenheit eine evangelische Tugend?

Mehr Protestantismus im Alltag

Wenn es hier am Ende eine Rubrik gäbe »mehr Protestantismus praktizieren« – was würden Sie sich wünschen, was wäre Ihnen wichtig und wofür würden Sie sich einsetzen? Für soziale Gerechtigkeit oder mehr Spiritualität im Alltag, mehr Wertevermittlung in der Erziehung oder mehr Zusammenhalt und Hilfe in der Gemeinde?

Ich wünsche mir persönlich mehr Gelassenheit als christliche Tugend. Vielleicht auch, weil die Wortbildung ihre historische Wurzel in meiner Heimatstadt Köln hat. Im Jahr 1325 predigt der berühmte Magister – oder, wie die Deutschen sagen: Meister – Eckhart in der Volkssprache darüber, was uns hindert und was uns hilft, Gottes Wort zu hören. Hinderlich sind – so meint er – die Körperlichkeit, die Vielfalt und die Zeitlichkeit, denen der Mensch unterworfen ist. Er zitiert Jesus nach Lukas 14,26: »Niemand hört mein Wort noch meine Lehre, er habe denn sich selbst gelassen« – und folgert: »... wer Gottes Wort hören soll, der muß völlig gelassen sein«.[60] Am Ende seiner Predigt kommt er noch einmal auf seine neue Wortschöpfung zurück: »Der Mensch, der gelassen hat und gelassen ist und der niemals mehr nur einen Augenblick auf das sieht, was er gelassen hat, und beständig bleibt ... – der Mensch allein ist gelassen.«[61]

Meister Eckhart erweitert die Bedeutung des mittelhochdeutschen Verbs »lâzen«, um die ganze Bandbreite der Bewegung des Glaubenden auf Gott hin ausdrücken zu können: Wer sich auf Gott verlässt im wörtlichen Sinne, also sich selber hinter sich lassen kann, wer die materiellen Dinge des Lebens loslassen kann (nach Matthäus 19,29) und sich ganz Gott überlässt, der wird zu sich selber kommen und gelassen sein. Modern ausgedrückt: Wer seine Ich-Bezogenheit überwindet und sein Selbstwertgefühl nicht an seinen Besitz bindet, findet in der Verbindung mit Gott seine eigentliche Identität, die sich nicht ständig selber beweisen muss und sich befreit verhalten kann gegenüber den Rahmenbedingungen des Lebens, die ihn begrenzen, belasten und binden. Gelassenheit ist also kein passives Abwarten und Aushalten, das alles auf sich zukommen und über sich ergehen lässt. Gelassenheit ist ein befreiendes Sich-Lösen und Sich-Öffnen für den Grund allen Seins, die Begegnung mit dem Anderen und die Weite der Wirklichkeit. Gelassenheit ist insofern kein Zustand, sondern eine innere Bewegung.

Gelassenheit als beharrliche Inkonsequenz

Wer gelassen sein will, muss loslassen können. Es fällt uns relativ leicht loszulassen, was wir aufgrund eines strikten Zeitmanagements oder einer klaren Prioritätensetzung ohnehin als verzichtbar einstufen. Schwerer fällt uns loszulassen, was gewissermaßen dem Kern unseres Selbstseins, unserer Identität und Persönlichkeit anhaftet. Wir binden unser Selbstwertgefühl zunächst stark an das, was wir besitzen und beherrschen, worüber wir verfügen und bestimmen können: »Haste was, dann biste was.« Erich Fromm hat in seiner berühmten Gegenüberstellung von »Haben oder Sein« aufgezeigt, wie unfrei der Mensch durch die Bindung des Seins an das Haben wird. Materielle Absicherung wird zur Habgier, Individualität zur Ichsucht, menschliche Beziehungen werden zum Geschäft auf Gegenseitigkeit und die Beziehung zur Welt wird angetrieben von Konsumzwang und dem ständigen Verlangen nach mehr. Die tiefsitzende Angst, zu kurz zu

Innehalten in höchster Konzentration:

Ernst Barlach (1870–1938), Der Schwebende, 1927 (Zweitguss); Bronze; Antoniterkirche, Köln

kommen, verbindet sich mit der Sorge, etwas zu verpassen. Und am Ende fürchten wir, *das Leben zu verlieren*.

Unser Selbstwertgefühl ist nicht nur gebunden an materiellen Besitz, an handfeste Habseligkeiten, und neigt dazu, auch unsere Beziehungen zu anderen Menschen und zur Welt darauf zu reduzieren. Auch unser Sein in der Zeit unterliegt dem Habenwollen. Dies nimmt Erich Fromm ebenfalls in den Blick und sagt: Wer sich an das klammert, »was er in der Vergangenheit angehäuft hat: Geld, Land, Ruhm, sozialen Status, Wissen, Kinder, Erinnerungen«, ist daran gebunden: »Ich bin, was ich war.«[62] Und die Zukunft ist dazu da, in

Besitz genommen zu werden: Wer eine – *seine* – Zukunft *haben* will, muss sie gestalten. Je mehr wir aber eine Vergangenheit *haben*, desto festgelegter sind wir in unseren Möglichkeiten. Diesem Dilemma versuchen wir durch Beschleunigung zu entgehen: Um die Zukunft gestalten zu können, müssen wir auf dem Laufenden bleiben und möglichst unserer Zeit voraus sein. Dadurch geraten wir immer mehr unter Zeitdruck und beginnen darunter zu leiden, *keine Zeit* mehr zu *haben*. Das ständige Streben, die Zeit beherrschen und möglichst effizient ausnutzen zu wollen, schlägt ins Gegenteil um: Sie lässt uns keine Zeit mehr, wir werden beherrscht von Terminkalendern und Stundenplänen, knapper Zeitplanung und Fristen, »Arbeitszeitverdichtung« und »Fast Food« (also Beschleunigung des Essens).

Gelassenheit als »Entschleunigung«

An diesem Punkt hilft keine Stresskosmetik, wie sie viele Bücher und Wochenendseminare vermitteln, die Gelassenheit als »Entschleunigung« der Lebenshetze propagieren, um *etwas* entspannter den Anforderungen des Lebens zu begegnen und *ein bisschen mehr* zur Ruhe zu kommen. Vielmehr ist eine Sinnesänderung gefordert, eine Umkehr zum Wesentlichen – das meint die neutestamentliche Aufforderung zur *metanoia*. Umkehr beginnt mit Innehalten – dadurch gewinnen wir Abstand vom Vorgegebenen, um das Wesentliche neu in den Blick nehmen zu können.

Dafür gibt es in der jüdisch-christlichen Tradition einen wöchentlichen Übungstermin: Die Ruhe am siebten Tag. Einen Tag in der Woche dürfen wir uns leisten, nichts leisten zu müssen. Wir sollen uns Zeit nehmen und uns nicht vereinnahmen lassen vom »Gebot der Stunde« – dadurch eröffnen sich neue Spielräume. Die

Feiertagsruhe ist nicht einfach ein passives Hinter-Sich-Lassen des Alltags, um im Nichtstun neue Kräfte für den gleichbleibenden Trott der Woche zu sammeln. Sie ist ein schmerzhaftes und zugleich heilsames Ablassen vom Versuch, selber die Zeit bis ins Letzte bestimmen zu wollen – schmerzhaft, weil sie das eigene Planen und Voraussorgen, persönliche Wunschvorstellungen und Zielvorgaben betreffen kann; heilsam, weil sie die Wahrnehmung weitet für eine Offenheit gegenüber Gott, anderen Menschen und der Welt und insofern zur Freiheit führt.

Auf das Herrschen-Wollen über die Zeit verzichten kann ich, indem ich mich ausstrecke auf Gott und darauf vertraue, dass mir nichts entgeht, weil Gott mir Wege weisen und Ziele zeigen wird. Glauben ist ein Sich-Verlassen bzw. »Sich-Loslassen«, das erst ein wirkliches »Sich-Einlassen« ermöglicht[63] – auf andere Menschen und auf eine Zukunft, die ich auf mich zukommen lassen kann, statt sie ständig durch mein eigenes Tun und Planen gestalten und schaffen zu wollen. Dadurch werden mein Handeln und Wollen gelassener. Auch im Glauben. Ich muss nicht Gott in die Welt bringen, sondern darf ihm »nachfolgen«, wie es das Neue Testament nennt, ihm auf der Spur bleiben und Schritt halten mit dem »lebendigen Herrn«[64], der längst schon unterwegs ist in der Welt. So wird mein Glaube davon entlastet, Gottes Wegweisungen mit letzter Konsequenz in eigene Handlungsvorgaben und Zielvorstellungen übersetzen und immer schon wissen zu wollen, wo Gott mit uns ist und wo nicht. Jesus hat davor gewarnt, die eigene Gegenwart mit dem Reich Gottes gleichzusetzen und zu sagen *»Siehe, hier ist es!«*, und stattdessen dazu aufgefordert, es mitten unter uns zu suchen (Lukas 17,22).

In Anlehnung daran warnte der ungarische Theologe Ervin Vályi-Nagy in den 70er Jahren des vorigen Jahrhunderts vor einem Fanatismus, der sich der äußersten

Konsequenz seines Glaubens rühmt und seiner eigenen Radikalität zum Opfer fällt.[65] Er plädierte dafür, sich in jeder Situation neu einzulassen auf Gottes Willen und Wirken in der Welt. Mit anderen Worten: Wer in entschiedener Weise Christ sein will, muss inkonsequent sein. Das heißt nicht, dass ich mich der Kompromisswirtschaft dieser Welt anpasse. Was ich in einer konkreten Situation als richtig erkannt habe und begründen kann, soll ich mit Entschiedenheit vertreten. Allerdings unter dem Vorbehalt, den Vályi-Nagy betont: »Unter den gegebenen Verhältnissen muß man sich einseitig engagieren, ohne aus der Einseitigkeit ein Gesetz, ein Dogma oder ein Idol zu machen.«

In der Gelassenheit als beharrlicher Inkonsequenz des Glaubens akzeptiere ich die Zeitlichkeit meiner Existenz, die der ständigen Veränderung unterliegt. Allerdings nur, wenn ich das Haben-Wollen ewiger Wahrheiten loslasse und in aller Begrenztheit und Bescheidenheit anerkenne, »daß die Wahrheit des Glaubens nicht mit *einer* menschlichen Einsicht … identisch ist« und das Urteilen und Handeln des Glaubens »prinzipiell nicht auf eine Weise seiner geschichtlichen Verwirklichung festgelegt werden darf« – erst recht nicht auf *meine* Weise der Verwirklichung! 25

Gelassenheit als bejahender Umgang mit der eigenen Begrenztheit

Die Schweizer Psychologin Verena Kast wurde in einem Interview[66] auf ihr zentrales Stichwort angesprochen: »Durch Ihre Bücher zieht sich ein merkwürdiges Motto: ›abschiedlich leben‹. Das hört sich sehr depressiv an. So als müsste ich mich jeden Tag innerlich darauf einstellen, dass mein Freund heute unters Auto kommt.« Kast antwortet: »Ich meine das überhaupt nicht depressiv.

Mir fällt oft auf, wie Eltern ihre Kinder klein halten wollen. Die kleinen Kinder sind ja auch süß. Und sie sind ein bisschen weniger süß, wenn sie groß werden. Aber wenn man das festhalten will, dann geht alles schief. Das Motto ›abschiedlich leben‹ heißt: Genieße das, was du heute hast. Morgen ist es vielleicht vorbei. Dann kommt etwas Neues. Aber erst wenn man die Hände wieder leer hat, kann man auch wieder etwas nehmen.« Vor allem in der Trauerarbeit ist »abschiedliches Leben« zu einem Fachbegriff geworden. Geprägt hat ihn der evangelische Philosoph Wilhelm Weischedel. Seine »Skeptische Ethik« leitet aus der »Abschiedlichkeit« Verhaltensweisen wie die »Demut« ab, die anerkennt, dass es keinen ewigen Besitz gibt, und das Gegenteil ist von Stolz und Machtgier.[67] Abschiedlich leben bedeutet auch Gelassenheit, die Dinge loslassen kann und Aktivitäten sein lassen kann – und damit Abstand gewinnt von der Unruhe der modernen Lebensweise.[68]

Gelassenheit geht einher mit der Demut, die sich der Erkenntnis der eigenen Begrenztheit beugt – und damit den Bedingungen der Körperlichkeit. Der Körper ist unser »begrenztes Tor zur Welt«[69], er grenzt uns ein in Raum und Zeit, in unseren Fähigkeiten und Kräften. Wir können die Zeit nicht festhalten und müssen lernen, Vergangenes hinter uns zu lassen, um offen zu sein für die Zukunft. Wir können nicht an zwei Orten gleichzeitig sein und müssen deshalb einen vertrauten Ort verlassen, wenn wir zu einem neuen Ort aufbrechen wollen. Wir müssen einsehen, dass wir nicht alles können und unsere je eigenen Fähigkeiten entdecken und einsetzen. Wir

> 25 Die Gelassenheit des Glaubens ist keine Unentschlossenheit, wohl aber eine entschiedene Inkonsequenz und ein Verzicht auf absolute Ansprüche.

»Ein jegliches unter dem Himmel hat seine Zeit« – Wandteppich der Kölner Textilkünstlerin Gertrud Lützow aus den 1960er Jahren, Evangelisches Krankenhaus Bergisch Gladbach.

müssen haushalten mit unseren Kräften und daher auch einmal Dinge sein lassen. Insofern gehört die Fähigkeit, »Nein« sagen zu können, zur Gelassenheit dazu. 26

Abschiede sind das halbe Leben. Sie durchziehen das Leben von der Geburt als Abschied von der engsten Verbundenheit mit der Mutter über die Ablösung von den Eltern in der Pubertät bis hin zu Trennungen in Partnerschaften und Wechseln des Arbeitsplatzes oder dem Ausscheiden aus dem Berufsleben. Manchmal muss man sich auch von Lebenszielen, Plänen oder Wünschen verabschieden. Und schließlich gibt es Abschiede von Orten wie der Wechsel aus der vertrauten Umgebung der eigenen Wohnung in das Zimmer in einem Altenpflegeheim. Wenn ich alte Menschen im Seniorenheim besuche, kann ich an der Einrichtung ihres kleinen Zimmers schon erahnen, wie gut oder schlecht dieser Mensch mit Abschieden umgehen kann: Manche konnten sich nur schwer trennen von ihrem Besitz und haben ihr Zimmer vollgestopft mit Gegenständen, Bildern, Kleidung. Andere haben sich auf Liebgewonnenes beschränkt und zeigen durch ihre Auswahl, was ihnen wirklich wichtig ist und wovon ihre persönliche Geschichte geprägt ist.

Abschiede sind das halbe Leben. Die andere Hälfte sind Aufbrüche. Wir können die Begrenztheit durch Zeit und Raum, Fähigkeiten und Kräfte nicht abschütteln, aber wir können mit ihnen leben lernen – bejahend und zuversichtlich leben lernen. Dazu müssen wir loslassen, was wir ohnehin nicht festhalten können. Sonst trauern wir mehr und mehr dem nach, was nicht mehr ist oder nicht mehr so wie früher, und nehmen uns selber und die Welt zunehmend defizitär wahr. Wer loslassen will, braucht eine Perspektive, einen Blick nach vorne. Darum gehören Gelassenheit und Hoffnung zusammen. Gerade in Situationen wachsender Mutlosigkeit oder Verzweiflung können Menschen sich diese Hoffnung aber nicht selber geben. Hoffnung ist eine Kraft, die in solchen Situationen in uns geweckt werden will durch Anstöße von außen, die uns zugesprochen und vermittelt werden muss. Wer in der Hoffnung lebt, entwickelt ein Grundvertrauen, das wesentlich zur Gelassenheit gehört. Wer sich darauf einlässt, kann erleben, wovon immer wieder Menschen berichten, die in schwierigen Situationen Gelassenheit gelernt haben: Wenn wir nicht ständig ankämpfen gegen unsere Begrenztheiten (und damit auf unsere Defizite fixiert bleiben), sondern sie bejahen, können sich die Grenzen unserer Fähigkeiten und Kräfte unerwartet und ungeahnt weiten.

> 26 Gelassenheit ist Konzentration auf das Wesentliche und setzt Kräfte frei für Aufbrüche: Ich muss loslassen können, um die Hände für Neues frei zu haben.

Gelassenheit als begnadete Entscheidungsfreiheit

Im Eingangsbereich des Krankenhauses, in dem ich als Seelsorger arbeite, hängt ein Wandteppich, der einen Weisheitstext aus der Bibel (Kohelet 3,1–13) bebildert: *»Ein jegliches hat seine Zeit«* beginnt der Text und zählt dann Gegensatzpaare auf, die den Rhythmus des Lebens bilden, darunter: *»geboren werden hat seine Zeit, sterben hat seine Zeit; weinen hat seine Zeit, lachen hat seine Zeit; festhalten hat seine Zeit, wegwerfen hat seine Zeit; schweigen hat seine Zeit, reden hat seine Zeit; lieben hat seine Zeit, hassen hat seine Zeit; Streit hat seine Zeit, Friede hat seine Zeit.«* Der Abschnitt endet mit einer Aufforderung, es sich gut gehen zu lassen: *»Alles hat Gott schön gemacht zu seiner Zeit, auch hat er die Ewigkeit den Menschen ins Herz gelegt; nur dass der Mensch nicht ergründen kann, was Gott tut, weder Anfang noch Ende. Da erkannte ich, dass nichts Gutes bei ihnen ist, außer dass sie sich freuen und es sich gut gehen lassen in ihrem Leben. Wo immer ein Mensch isst und trinkt und Gutes wahrnimmt in all seinen Mühen, ist das eine Gabe Gottes.«*

Die aufgezählten Wechselfälle des Lebens führen uns die Grenzen und Möglichkeiten unserer menschlichen Existenz vor Augen. Erstens sind wir zeitlich begrenzt durch die Lebensspanne zwischen Geboren-Werden und Sterben und durch den Wandel der Zeiten: Nichts bleibt wie es war, keinen Zustand des Lebens können wir ewig festhalten. Darin liegt zugleich die Chance, dass wir uns verändern und entwickeln können. Zweitens sind wir körperlich begrenzt in unserem Handlungsspielraum: Wenn wir das Eine tun, müssen wir Anderes dafür lassen. Wir können nicht gleichzeitig reden *und* schweigen, festhalten *und* loslassen. Wir haben die Qual der Wahl – und damit zugleich die Freiheit, uns entscheiden zu können.

Die evangelische Kaiser-Wilhelm-Gedächtniskirche (1895 / 1961) in Berlin ist ein kirchenbauliches Sinnbild für den Wandel der Zeiten.

Das Grundübel unserer westlichen Zivilisation liegt darin, dass wir alles auf einmal machen und alles auf einmal haben wollen. Wir meinen, dadurch intensiver zu leben. Tatsächlich erhöhen wir aber nur den Stress. Und die Beschleunigung der Veränderungen, um der Zeit voraus zu sein und die Zukunft gestalten zu können, lässt den Stress noch ansteigen. Wir überdrehen ständig den Rhythmus des Lebens. Damit verkehren wir die biblische Lebensweisheit »Alles hat seine Zeit« in die unkluge Lebensweise der Moderne, in der es heißt: »Alle haben keine Zeit.« Wir werden keine Gelassenheit entwickeln können, wenn wir an dieser Lebensweise festhalten. [27]

Vergrößert wird unser Stress zusätzlich durch die Vielfalt der Handlungsoptionen und Entscheidungssituationen. Je komplexer die Zusammenhänge werden, desto mehr verlieren wir den Überblick. Denn wir sind drittens begrenzt in unserer Perspektive: Wir können nie aus dem Ablauf der Zeit oder der Verortung im Raum heraustreten, um von einem neutralen Standpunkt aus einen vollständigen Überblick zu gewinnen. Nur Gott kennt und überblickt Anfang und Ende, sagt Kohelet. Und glaubt fest daran, dass Gott die Zeit nicht nur als messbaren Ablauf von Tagen und Stunden geschaffen hat, sondern für jegliches Geschehen einen passenden Zeitpunkt bestimmt hat: *Alles hat Gott schön gemacht zu seiner Zeit.* Für jeden Menschen gestaltet sich der Rhythmus des Lebens anders mit Begrenzungen und Möglichkeiten, Veränderungen und Abschieden. Um unseren persönlichen Rhythmus zu finden, brauchen wir die Weisheit zu erkennen, was wann wichtig ist, was gerade »dran ist«. Das ist aber – weil wir nie aus der Bewegung der Zeit heraustreten können – ungefähr so schwierig, wie aus einem Schnellzug heraus die Ortsschilder der Bahnhöfe zu lesen, die am Fenster vorbeigleiten. Zu wissen, was gerade »dran ist«, ist daher eine »Gabe Gottes«, eine Gnade, die erbeten sein will.

[27] Gelassenheit erfordert Auswahl und Verzicht – und betrifft insofern nicht nur unsere innere Ruhe und unsere Zeitplanung, sondern auch unser Konsumverhalten und unsere Esskultur, unsere beruflichen Ziele und unsere gesellschaftlichen Wertvorstellungen.

Gelassenheit erfordert also eine aufmerksame Wahrnehmung der Wirklichkeit, um den entscheidenden

Moment, den richtigen Augenblick, die gute Gelegenheit, die »Gunst der Stunde« zu erkennen und zu ergreifen. Eine solche Offenheit für die Wirklichkeit gründet in der Fähigkeit, über sich selbst hinausgehen zu können. Gelassenheit als Haltung des Sich-Verlassens bringt das Selbstbewusstsein in Bewegung und kann darum die Vielfalt des Lebens nicht als Bedrohung oder Beliebigkeit wahrnehmen, sondern als Spielraum für Entdeckungen und Überraschungen, für Abwechslung und Unterschiedlichkeit. Mit anderen Worten: Sie eröffnet Entscheidungsfreiheit. Einüben kann ich mich darin z.B. durch das sogenannte »Gelassenheitsgebet« des deutsch-amerikanischen Theologen Reinhold Niebuhr[70]. Im Unterschied zu der gängigen deutschen Version, die auf das »Ich« und seine Möglichkeiten reduziert ist, lautet die ursprüngliche Fassung übersetzt:

Gott, gib uns die Gnade,
mit Gelassenheit
Dinge hinzunehmen, die sich nicht ändern lassen,
den Mut,
Dinge zu ändern, die geändert werden sollten,
und die Weisheit,
das eine vom anderen zu unterscheiden.[71]

Evangelisch ist irgendwie auch katholisch – nur anders

Zusammenfassung

① *Kennzeichen der Kirche*

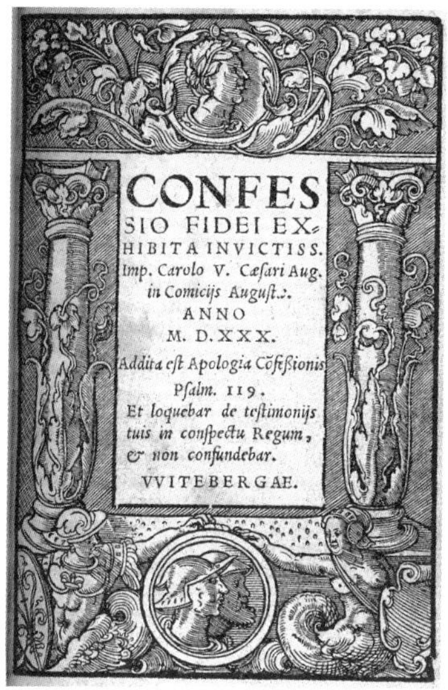
CONFES
SIO FIDEI EX-
HIBITA INVICTISS.
Imp. Carolo V. Cæsari Aug.
in Comicijs August.
ANNO
M. D. XXX.
Addita est Apologia Cõfeßionis
Psalm. 119.
Et loquebar de testimonijs
tuis in conspectu Regum,
& non confundebar.
VVITEBERGAE.

Titelblatt der ersten mit Vorstücken und Anhang versehenen lateinischen Ausgabe der Augsburger Konfession, Wittenberg 1531

»Evangelisch? Das ist doch irgendwie auch katholisch – nur anders«, so stellte eine Teilnehmerin an einem ökumenischen Gesprächsabend eine Verbindung zwischen den Konfessionen her. »Katholisch« im ursprünglichen Wortsinn, also zugehörig zur »gesamtheitlichen« Kirche und der Gemeinsamkeit aller christlichen Glaubenden verpflichtet, ist die evangelische Kirche auch. Sie ist aber nicht *römisch*-katholisch, d.h. sie betont nicht eine letzte menschliche Instanz des Heiligen, wie sie der Papst in Rom darstellt. Sie sucht ihren letztgültigen Bezugspunkt vielmehr im »Evangelium«, der »Guten Nachricht« von Gottes Zuwendung. Darum ist sie *evangelisch*-katholisch.

Das Evangelium hat in der Bibel eine Gestalt: Jesus Christus. Die Bibel wendet sich aber kritisch gegen alle Versuche, im weiteren Verlauf der Geschichte Christus in bestimmten Personen repräsentiert zu sehen (Matthäus 24,23). Keine stellvertretende Person, sondern nur der Geist, den Christus seinen Nachfolgern verheißen hat, steht für seine bleibende Gegenwart in der Welt. Dieser Geist wird diejenigen, die sich auf ihn einlassen, »in alle Wahrheit leiten« (Johannes 16,13). An Christus glauben ist also ein Erkenntnis-Weg. Evangelisch sein heißt: aushalten, im Vorläufigen und damit auch Unvollkommenen, Bruchstückhaften zu leben.

Die engste Übereinstimmung zwischen dem Geist Christi und den Glaubenden ereignet sich, wenn Christen zusammenkommen, über strittige Glaubensfragen diskutieren und am Ende zu einem einvernehmlichen Ergebnis kommen: »Es ist dem Heiligen Geist und uns richtig erschienen …« leitet das erste Konzil der Christenheit, die Apostelversammlung in Jerusalem, die Bekanntgabe ihrer Beschlüsse ein (Apostelgeschichte 15,28). Die entstehende evangelische Kirche nahm dieses Leitbild auf und kennzeichnete im Augsburger Bekenntnis (1530) die wahre Kirche durch die »Übereinstimmung in der Lehre des Evangeliums« (*consentire de doctrina evangelii*). Damit beschreibt sie einen Erkenntnisweg mit unterschiedlichen Ebenen.[72]

Evangelisch sein heißt: In strittigen Fragen der Glaubensgestaltung nach einem Konsens suchen (*consentire*), der sich auf die Lehre (*doctrina*) bezieht, d.h. auf Denkerfahrungen des Glaubens, die wiederum nicht die letzte Wahrheit darstellen, sondern sich aus dem Evangelium ableiten. Selbst wenn auf der Ebene konkreter Glaubensfragen keine Übereinstimmung erzielt werden kann, sollen zumindest die verschiedenen Lehrmeinungen als Begründungen miteinander kommuniziert werden: Was spricht für die eine, was für eine andere Entscheidung? Nicht alles lässt sich aus dem Evangelium ableiten. Erst der Verzicht auf dieses argumentative Abwägen gibt den Glauben der Beliebigkeit und Unverbindlichkeit preis.

② *Berufung auf die Bibel*

Martin Luthers Deutsche Bibel: Lutherbibel, Titelholzschnitt der Ausgabe Wittenberg 1541 von Lucas Cranach dem Jüngeren

Der Geist Gottes weht, »wo er will« (Johannes 3,8): Daher sind in der Urteilsbildung und Entscheidungsfindung des Glaubens möglichst viele Glaubende zu beteiligen, indem sie sich gemeinsam auf den Erkenntnisweg der Konsenssuche begeben. Evangelische sind gegenüber vorgegebenen kirchlichen Strukturen und Dogmen systemkritisch eingestellt – nicht, weil sie eine Veranlagung zum religiösen Revoluzzer hätten, sondern weil sie dem Geist Gottes im Leben Raum geben und sich seiner Leitung anvertrauen. Damit kommt der Glaube in die Bewegung einer beständigen Umkehr zum Wesentlichen. Die biblische Bezeichnung für diese Bewegung, traditionell als »Buße« übersetzt, meint wörtlich ein »Umbesinnen« (*metanoia*). Darin ist die Verheißung angelegt: Ein neuer Anfang ist möglich – ein Neuwerden menschlichen Lebens und Miteinanders, wie es Gott von Anfang an vorgesehen hatte.

Die Umkehr zum Wesentlichen ist nach der ersten von Luthers 95 Thesen ein lebenslanger Prozess. Entgegen einem verbreiteten Vorurteil wird dieser Lebensprozess nicht in Gang gehalten durch die Bibel als Vor-Schrift, an der sich die Protestanten mit ständig schlechtem Gewissen und beständiger Bußfertigkeit abarbeiten. Vielmehr wird die Kirche dadurch zur *ecclesia semper reformanda*, dass sie die Bibel als An-Rede versteht, als Zu-Spruch der Zuwendung Gottes in der Gestalt von Jesus Christus. Darum ist für Martin Luther der »Prüfstein«, das entscheidende Kriterium für das Verständnis aller biblischen Bücher, dass sie »Christum predigen und treyben«[73].

Selbst in der Druckgestalt seiner Bibelübersetzung sollte dies deutlich werden: Luther wollte, dass von Anfang bis Ende die »Sprüche, so jedermann not und nütz zu wissen«, vor allem diejenigen, in denen verheißungsvoll oder unmittelbar von Christus die Rede ist, »mit anderer und größerer Schrift« im Druckbild hervorgehoben wurden.[74] Diese Stellen bieten eine Lesehilfe, durch die sich die Gläubigen in die Heilige Schrift hineinfinden und so eine allen gemeinsame Kompetenz gewinnen konnten. Ergänzend wurde den Bibelausgaben der Cansteinschen Bibelgesellschaft in Halle fast 250 Jahre lang August Hermann Franckes »Einfältiger Unterricht / Wie man die H. Schrift zu seiner wahren Erbauung lesen solle« vorangestellt. Francke nimmt darin Luthers dreifachen Zugang zur Bibel in Gebet (*oratio*), Betrachtung (*meditatio*) und Anfechtung (*tentatio*) auf.

Besonders im fortwährenden Hineinlesen in die biblischen Zusammenhänge vollzieht sich immer wieder die Umkehr zum Wesentlichen. In der Praxis wird man aber eingestehen müssen, was ein Bibelwissenschaftler schon Ende des 19. Jahrhunderts bemerkte: »Die meisten Christen werden durch die fettgedruckten Stellen der Bibel selig«[75] – heute vielleicht eher durch die »Losungen« der Herrnhuter Brüdergemeine, die viele Christen täglich lesen: eine ausgewählte Bibelstelle aus dem Alten und eine zugeordnete Stelle aus dem Neuen Testament. Diese »Losungen« können Anhaltspunkte für Glaubenserfahrungen bieten. Wer seinen Umgang mit der Bibel aber darauf beschränkt, lebt ständig von geistlichem *fast food*.

③ *Rechtfertigung aus Glauben*

Altarraum der Gethsemanekirche in Berlin (Prenzlauer Berg) 2009

Unter dem Motto »Wachet und Betet« fanden hier im Herbst 1989 Mahnwachen statt; die Kirche war Treffpunkt der DDR-Bürgerrechtsbewegung.

Katholische Gesprächspartner fragen manchmal, warum in den meisten evangelischen Kirchen die Christusfigur am Kreuz fehlt, obwohl die evangelische Frömmigkeit doch die Christusbeziehung in den Vordergrund stellt. Die Kargheit der Kreuze ergibt sich zunächst aus der Zurückhaltung gegenüber dem Bildhaften und der Konzentration auf den »reinen« Glauben, der nicht »im Schauen« wandelt (2 Korinther 5,7). Ohne die drastische Darstellung des Gekreuzigten verliert das Kreuz allerdings an Deutlichkeit. »Was soll das große Pluszeichen da vorne«, fragte zu DDR-Zeiten ein Schüler bei einer Führung durch den Magdeburger Dom. Darin zeigt sich ein Nachteil der beschränkten Bildhaftigkeit: Man muss mehr erklären. Zugleich liegt darin aber auch eine Chance der Glaubensvermittlung.

Für die Kreuze ohne Gekreuzigten spielt auch der theologische Gedanke eine Rolle, dass Jesu Kreuz nicht ohne seine Auferstehung verstanden werden kann. Darum ist Ostern in der evangelischen Kirche wie in anderen Konfessionen der höchste Feiertag im Jahreskreis. Die Basis des christlichen Bekenntnisses lautet: »Christus ist auferstanden« – er ist gegenwärtig durch seinen Geist, frei in der Welt, unterwegs zu den Menschen, hin zu einer barmherzigen, gerechten, friedlichen, gemeinschaftlichen Lebenswirklichkeit. Das gestaltlose Kreuz passt schließlich auch zu einer modernen Theologie, die ihr Interesse vor allem auf das Leben Jesu richtet und seinen Weg der Liebe beschreibt, der auf Widerstände stieß. Die Kreuzigung als äußerste Konsequenz dieses Weges bestätigt eigentlich nur seinen Einsatz für Nächstenliebe, Gerechtigkeit und Versöhnung.

Erklärungsversuche der ersten Christen für das Kreuzesgeschehen wie »Sühnopfer« oder »Stellvertretung« werden heutzutage gerne vermieden.[76] Damit wenden sich neuere Verstehenszugänge zum einen dagegen, dass kultische Sprache übersteigert wird zu einem Bild von einem rachedürstenden Gott, der blutige Opfer verlangt und die Menschen durch Angst beim Glauben hält. Zum anderen soll das Kreuzesgeschehen aus dem formalen Rahmen einer Rechtssprache herausgelöst werden, in der Schuld mit dem Tod »bezahlt« wird. Stattdessen wird Versöhnung als personales Geschehen hervorgehoben: Die zerbrochene Beziehung zwischen Gott und Mensch wird wieder hergestellt.

Das Kreuz bleibt auch in der Moderne das, was es schon für antike Denkgewohnheiten war: ein Ärgernis (1 Korinther 1,23). Dass Christus stellvertretend für uns gestorben ist, um die Beziehung zu Gott wieder herzustellen und uns einen neuen Anfang zu ermöglichen – ein Neuwerden, wie es Gott von Anfang an vorgesehen hatte –, stellt das Selbstbild des völlig autonomen, selbstbestimmten Menschen in Frage: Wir sind in unserem Menschsein erlösungsbedürftig und nicht bloß verbesserungsfähig! Darum kann der Glaube auch kein Geschäft auf Gegenseitigkeit sein. Glauben heißt: sich verlassen auf die Verheißungen Gottes. Wer auf Gottes Zusage vertraut, muss sich verlassen, sich herausrufen lassen aus der Verkrümmung in sich selbst. So geschieht Rechtfertigung: Wir dürfen zu Gott kommen, wie wir sind. Aber er lässt uns nicht, wie wir waren. Wir erfahren Freiheit gerade durch die Angewiesenheit auf Beziehungen – zu Gott und dem Mitmenschen – und werden darin dem Miteinander und uns selber neu gerecht.

④ *Spiritualität in Moral und Musik*

Seit November 1943 greifen alliierte Bomber die Borsigwerke in Berlin an, am 6. März 1944 sogar tagsüber. In den Zellen der nahen Haftanstalt Tegel liegen die Gefangenen über zwei Stunden auf dem Boden, hilflos der Gefahr und ihrer Angst ausgeliefert. Für sie gibt es keinen Schutz, keinen Platz im Bunker. Selbst hartgesottene Häftlinge schreien, weinen und verlieren fast den Verstand.

In einer der Zellen liegt Dietrich Bonhoeffer, Theologe und Mitverschwörer gegen Hitler. Was kann dagegen helfen, »nur Angst« zu sein,[77] völlig in dieser Situation auf- und unterzugehen? Ihm kommt ein Kinderlied in den Sinn, das vielleicht die Mutter an seinem Bett gesungen hat: »Abends wenn ich schlafen geh' / Vierzehn Englein um mich steh'n …«. Er schreibt später an seine Verlobte, dass »diese Bewahrung durch gute unsichtbare Mächte« Erwachsene genauso brauchen wie Kinder.[78]

In Bonhoeffer reifen die Zeilen eines Gedichts heran. Er will nicht wie diejenigen Religiösen sein, die von Gott sprechen, wo die menschlichen Möglichkeiten an ihre Grenzen stoßen, sondern er will Gott mitten im Leben Raum geben[79] – und damit auch Menschen ansprechen, die nicht religiös veranlagt oder erzogen sind. Darum dichtet er nicht von Engeln, sondern von »guten Mächten«: »Von guten Mächten wunderbar geborgen …«. Unterlegt mit der eingängigen Melodie von Siegfried Fietz wird sein Gedicht zu einem der populärsten neueren Kirchenlieder. Bonhoeffer wurde im April 1945 im Konzentrationslager Flossenbürg umgebracht und hat den Erfolg seiner Zeilen

Albert Schweitzer (1875–1965); Friedensnobelpreis 1952

nicht mehr erlebt. Aber es hätte ihm sicherlich gefallen mitzuerleben, wie selbst »religiös unmusikalische« Jugendliche durch dieses Lied einen Zugang zum Glauben finden.

Dass mit den »guten Mächten« nicht nur traditionelle Vorstellungen von Boten Gottes, sondern unterschiedlichste Erfahrungen des Gehalten-Seins verbunden werden, kommt Bonhoeffers Plädoyer für die Weltzuwendung des Glaubens entgegen: »Wie in Christus die Gotteswirklichkeit in die Weltwirklichkeit einging, so gibt es das Christliche nicht anders als im Weltlichen«, schreibt er in seiner unvollendeten Ethik.[80] Damit wurde er zu einem evangelischen »Kirchenvater der Moderne«. In einer weltzugewandten Spiritualität gehören ethische Verantwortung und kulturelle Ausdrucksformen zusammen: »Nur wer für die Juden schreit, darf auch gregorianisch singen«, mahnte Bonhoeffer 1935 junge Pfarrer in der Ausbildung. Das emotionale Herz des Glaubens schlägt nicht nur im Kulturprotestantismus und im Kirchenlied, sondern wird in der Liebe tätig.

Im Hören auf das Wort Gottes schult evangelischer Glaube seinen Verstand und gewinnt zugleich das Vertrauen, dass vernünftig ist, wer mit sich reden lässt. Glauben bahnt sich seinen Weg in die Welt als Sittlichkeit, die Verantwortung wahrnimmt und sich darüber mit anderen verständigt. Und Glauben nimmt seinen Weg in die Welt als Sinnlichkeit, die vor allem die Ausdrucksformen

Die aufgemalte Turmuhr eines orthodoxen Klosters in Ostpolen zeigt immer fünf vor zwölf an: Kritische Zeitansage als Aufforderung zur kontinuierlichen Kurskorrektur – ecclesia semper reformanda

des Wortes schätzt und im Kirchenlied am stärksten das Gefühl berührt. Bezeichnenderweise vereint eine der bekanntesten evangelischen Glaubensgestalten des 20. Jahrhunderts, Albert Schweitzer, beide Eigenschaften in seiner Person: Als Urwaldarzt in Lambarene steht er für die Ethik einer »Ehrfurcht vor dem Leben«, als Orgelspieler und Autor interpretierte er die »Klangrede« Johann Sebastian Bachs.

⑤ Hoffnung wider Erwarten

In unserer durchrationalisierten Welt wächst die Sehnsucht nach dem, was über das Sichtbare und Fassbare, Messbare und Planbare hinausgeht. Man hält Ausschau nach Ufos, versetzt sich in mythische Fantasy-Reiche und magische Anderwelten, erträumt eine Science-Fiction-Utopie und versenkt sich in religiöse »Esoterik«. Das, was jenseits unseres Alltagslebens liegt, scheint eine große Anziehungskraft zu haben. Allerdings ist der alte Verdacht der »Jenseitsvertröstung«, der sich gegen die christlichen Vorstellungen von Himmel und Hölle, Leben nach dem Tod und Jüngstem Gericht wandte, auch auf die neuen Trends anzuwenden.

Die entscheidende Frage ist, welche Kraft das Jenseits für das Diesseits freisetzt, welche Möglichkeiten sich eröffnen oder verengen, welche Ressourcen gestärkt oder gelähmt, welche Ängste entlastet oder geschürt, welche Hoffnungen geweckt oder verdrängt werden. Christliche Hoffnung kann an keine Anlage oder Fähigkeit des Menschen wie seine Seele oder Vorstellungskraft anknüpfen. Sie vertraut allein darauf, dass Gott sogar aus dem Nichts Neues schaffen kann und all das, was uns an Glaube, Hoffnung und Liebe mit ihm in diesem Leben verbindet, aufheben kann (im doppelten Sinne von verwandeln und bewahren) in seiner Gegenwart. Im Glauben an Gottes Schöpfungskraft fällt die Antwort darauf, woher wir kommen und wohin wir gehen, in eins.

Christliche Hoffnung gründet in dem, worauf sie sich richtet: Angesprochen zu sein von Gott und in seiner Gegenwart zu bleiben. Das bedeutet die Fülle des Lebens und die Erfüllung von allem, was über dieses Leben hinaus erwartet werden kann. Diese Hoffnung wird nicht angetrieben von der Angst vor ewiger Strafe oder dem Streben nach jenseitigem Lohn. In ihr streckt sich die Erfahrung der Rechtfertigung erwartungsvoll aus auf die Liebe Gottes. »Nur Liebe frei gewordne / Niemals aufgezehrte / Mich überflutend … Mehr also, fragen die Frager / Erwarten Sie nicht nach dem Tode? / Und ich antworte / Weniger nicht«[81].

⑥ *Visionen für die Zukunft*

»Sagen Sie mal, Herr Pastor, glauben Sie eigentlich alles, was Sie so predigen?« Für die Kirche der Zukunft ist Authentizität gefordert – nicht als Selbstbezogenheit, sondern als Gewissheit des Gehalten-Werdens durch Gottes Zuwendung. Dieses Gehalten-Werden schließt Erfahrungen von Schwachheit, Scheitern und Schuld ein. Weil Gott »geduldig und gnädig« ist (Exodus 34,6), braucht authentischer Glaube auch solche Erfahrungen nicht verstecken.

Ein Presbyter sagte einmal nach einer sehr kontroversen Kirchenvorstandssitzung, die schließlich mit einem gemeinsamen Gebet versöhnlich endete: »Christen sind keine besseren Menschen als andere, aber sie kommen besser damit zurecht.«

Wer aus der »Rechtfertigung aus Glauben« lebt, kann seine eigenen Grenzen besser annehmen – und erleben, dass sie sich gerade dadurch weiten. Er wird frei, sein Bestes zu geben. Dazu gehört auch, Wort und Sakrament als Ausdrucksformen, in denen das Evangelium in Erscheinung tritt, über den liturgischen Rahmen des sonntäglichen Gottesdienstes hinaus auszuweiten auf lebensweltliche Zusammenhänge: auf die Sprachfähigkeit des Glaubens und seine sichtbaren Zeichen im Alltag. »Seid allezeit bereit zur Verantwortung vor jedermann, der von euch Rechenschaft fordert über die Hoffnung, die in euch ist« (1 Petrus 3,15). Diese Hoffnung verteidigt sich nicht nur, sie geht auch in die Offensive: als *Hoffnung im Widerstreit*. Der »Widerstreit« zwischen unterschiedlichen Einstellungen, die sich nicht auf einen gemeinsamen Nenner bringen lassen, versucht die Konfrontation in eine Form der Kommunikation zu verwandeln.[82]

Und die Hoffnung des Glaubens ist *Hoffnung wider Erwarten* (vgl. Römer 4,18): Manchmal zeigt sie sich »am entgegengesetzten Ort unserer Erwartung«[83]. Darum ist noch Hoffnung für unsere Kirche, unsere Welt und uns selber!

⑦ *Ist Gelassenheit eine evangelische Tugend?*

In der Hoffnung des Glaubens lässt sich gelassener leben. Nicht im Sinne »cooler« Lässigkeit oder leichter Stresskosmetik, sondern als Sich-Verlassen, Loslassen und Sein-Lassen-Können. »Evangelisch« ist diese Gelassenheit, weil sie das Leben im Vorläufigen als Verhaltensweise praktiziert. Als entschiedene Inkonsequenz kann sie die Verkrümmung in eigenmächtige Rechthaberei und Radikalität hinter sich lassen, die immer schon weiß, was richtig ist, und die Wahrnehmung weiten für Gottes Verheißungen. Sie übt in »abschiedliches Leben« ein, das loslassen kann, was die Verlustangst in der Vergänglichkeit festhalten will, und bejaht die Endlichkeit unserer Existenz als Geschenk der Einzigartigkeit: Jeder Augenblick unseres Lebens ist unwiederbringlich und gerade darin unendlich wertvoll.

Bleibende Bedeutung kann jeder flüchtige Moment erlangen durch die Verbindung mit dem »ewigen« Gott, der den je eigenen Rhythmus unseres Lebens umfängt mit seinen Wegweisungen und Zielsetzungen. Sie haben in Jesus Christus die Gestalt der Zuwendung und des Zuspruchs Gottes, kurz: des »Evangeliums«, das uns Freiheit ermöglicht: Die Freiheit der Entscheidung, die in der Vielfalt unserer modernen gesellschaftlichen Wirklichkeit weniger eine Bedrohung als vielmehr einen Zuwachs an Möglichkeiten sieht, um den Reichtum der Wege zu entdecken, auf denen Gott in der Welt unterwegs ist. Und die Freiheit der Unterscheidung, getrost anzunehmen, was nicht zu ändern ist, und mutig anzugehen, was geändert werden sollte.

Anmerkungen

1 *Martin Luther*, Von den Konziliis und Kirchen (1539), in: Studienausgabe, hg. von *Hans-Ulrich Delius*, Bd. 5, Berlin 1992, 448–617, hier: 587–606.

2 *Martin Luther*: Die Ablaßthesen (1517), in: ders. Gesammelte Werke, hg. von *Kurt Aland*, Berlin 2004 (Digitale Bibliothek 63), 1114.

3 Vgl. *Martin Buber*, Das dialogische Prinzip, Darmstadt [7]1994, 165.

4 *David Friedrich Strauß*, Die christliche Glaubenslehre in ihrer geschichtlichen Entwicklung und im Kampfe mit der modernen Wissenschaft dargestellt, Bd. I, Tübingen 1840, 71.

5 Vgl. *Dietrich Bonhoeffer*, Ethik, hg. v. *Ilse Tödt, Heinz Eduard Tödt, Ernst Feil* und *Clifford Green* (Werke 6), München 1992, 151ff.

6 Vgl. *Gerhard Sauter*, Zugänge zur Dogmatik, Göttingen 1998, 73–91.

7 Die wahre Kirche zeichnet sich nach der Confessio Augustana (1530) durch die »Übereinstimmung in der Lehre des Evangeliums« aus (CA VII; BSLK 61,7f: *consentire de doctrina evangelii*).

8 In: *Martin Luther*, Studienausgabe, hg. von *Hans-Ulrich Delius*, Bd. 2, Berlin 1982, 310–404, hier: 333,10–13 (sprachl. überarb.).

9 *Hellmut Diwald / Karl-Heinz Jürgens*, Lebensbilder Martin Luthers, Bergisch Gladbach 1982.

10 Vgl. *James Barr*, Fundamentalismus, München 1981, 75f.

11 Konkordienformel 1580, in: Bekenntnisschriften der evangelisch-lutherischen Kirche (BSLK), 767.769.834.

12 Confessio Augustana 1530; BSLK 124,9.

13 Nach: *Heinrich Karpp*, Vom Umgang der Kirche mit der Heiligen Schrift, Köln / Wien 1983, 289.

14 Vgl. *Martin Luther*, An den christlichen Adel deutscher Nation von des christlichen Standes Besserung (1520), in: Studienausgabe, Bd. 2, a.a.O., 96–167, hier: 99ff.

15 Vgl. *Martin Luther*, Das schöne Confitemini (1530); WA 31 I,65–182, hier: 67,6–14.

16 *Hans Sachs*, Disputation zwischen einem Chorherren und Schuhmacher, darin das Wort Gottes und ein recht christlich Wesen verfochten wird (1524), in: *Rudolf Bentzinger* (Hg.), Die Wahrheit

muss ans Licht! Dialoge aus der Zeit der Reformation, Frankfurt a.M. 1983, 354ff.

17 Mit sich reden lassen ist für den Philosophen *Otto Friedrich Bollnow* (Maß und Vermessenheit des Menschen. Philosophische Aufsätze. Neue Folge, Göttingen 1962, 31) gleichbedeutend mit »vernünftig sein«.

18 *Martin Kähler*, Unser Streit um die Bibel (1895), wieder abgedruckt in: ders., Aufsätze zur Bibelfrage, hg. v. *Ernst Kähler*, München 1967, 17–83, hier: 47.

19 In seiner Vorrede zum ersten Band der Gesamtausgabe seiner lateinischen Schriften (Wittenberg 1545), in: Studienausgabe, Bd. 5, a.a.O., 618–638, hier: 635,16–637,14.

20 Römerbriefvorlesung von 1515/16; WA 57,45,24.

21 Nach: *Helmut Obst*, A. H. Francke und die Franckeschen Stiftungen in Halle, Göttingen 2002,51 (sprachlich überarbeitet).

22 Vgl. *Martin Luther*, Römerbriefvorlesung; WA 56,304,25f: »Natura nostra vitio primi peccati tam profunda est in seipsam incu-rua …«. Vgl. auch WA 56,110,23: Das Verkrümmtsein in sich selber versperrt dem Menschen den Blick auf die Wahrheit.

23 *Martin Luther*, Studienausgabe Bd. 5, 637,2–4; Übersetzung nach: Rechtfertigung als Grundbegriff evangelischer Theologie. Eine Textsammlung eingeleitet und herausgegeben von *Gerhard Sauter*, München 1989, 35.

24 *Max Weber*, Die protestantische Ethik und der Geist des Kapitalismus, in: ders., Gesammelte Aufsätze zur Religionssoziologie I, Tübingen 1920, 1–206.

25 Nach der These des Münchner Bildungsökonomen *Ludger Wößmann*, vgl. DIE ZEIT, 23.12.2008 Nr. 1: Bildet euch! (http://www.zeit.de/2009/01/C-Interview-Woessmann).

26 Zitiert nach: *Dietrich Sattler*, Anwalt der Armen, Missionar der Kirche. Johann Hinrich Wichern 1808–1881, Hamburg 2007, 62.

27 Zitiert nach: *Robert Stupperich*, Die Reformation in Deutschland, 2., verb. Aufl. Gütersloh 1980, 178f.

28 *Immanuel Kant*, Kritik der praktischen Vernunft (1788), § 7 Grundgesetz der reinen praktischen Vernunft.

29 *Immanuel Kant*, Grundlegung zur Metaphysik der Sitten (1785), Zweiter Abschnitt: »Handle so, daß du die Menschheit sowohl in deiner Person, als in der Person eines jeden andern jederzeit zugleich als Zweck, niemals bloß als Mittel brauchst.«

30 *Johann Georg Hamann*, Aesthetica in nuce (1762), in: ders., Sämtliche Werke II. Historisch-kritische Ausgabe von *Josef Nadler*, Nachdruck Wuppertal 1999, 195–217, hier: 197,15.17.

31 Dieser Vergleich stammt von *Heinrich Heine*, Zur Geschichte der Religion und Philosophie in Deutschland (1834), in: ders., Sämtliche Schriften, hg. v. *Klaus Briegleb*, Dritter Band, 3., durchges. Aufl. München 1996, 505–641, hier: 547.

32 *Johannes Mathesius* in der Vorrede zu den Historien (= Evangelienliedern) von *Nikolaus Hermann* 1562, zitiert nach: *Rainer Volp*, Liturgik. Die Kunst, Gott zu feiern. Band 2: Theorien und Gestaltung, Gütersloh 1994, 1046.

33 Evangelisches Gesangbuch Nr. 361,1.

34 Predigt zur Einweihung der Torgauer Schlosskirche 1544 (WA 49, 588).

35 Zitiert nach: *Maarten 't Hart*, Bach und ich, Zürich / Hamburg 2000, 96.

36 *Martin Luther*, Predigten des Jahres 1522, Nr.33 Predigt über Lukas 16,19-31 (22.6.1522); WA 10/III, 176-200, hier 194,11f. So auch im Großen Katechismus, BSLK 659,22.

37 *Martin Luther*, Genesisvorlesung 1538/42; WA 43, 481, 32-34: Ubi igitur et cum quocunque loquitur Deus, sive in ira, sive in gratia loquitur, is certo est immortalis.

38 *Gerhard Sauter*, Das verborgene Leben, Gütersloh 2011, 138.

39 Vgl. *Christian Hoppe*, Nahtoderlebnisse – Blick ins Jenseits?, in: *Andreas Bieneck / Hans-Bernd Hagedorn / Walter Koll* (Hg.), »Ich habe ins Jenseits geblickt«. Nahtoderfahrungen Betroffener und Wege, sie zu verstehen, Neukirchen-Vluyn ^{2}2006, 117–153.

40 Vgl. *Raymond A. Moody*, Nachgedanken über das Leben nach dem Tod, Reinbek bei Hamburg 1978, 50ff.

41 *Ernst Troeltsch*, Die Soziallehren der christlichen Kirchen und Gruppen, Tübingen 1912, 979.

42 Vgl. *Paul Schütz*, Auferstehung, Metzingen 1966, 42. Vgl. auch Jesu Bildwort vom Weizenkorn und seine Deutung in Johannes 12,24+25.

43 *Walter Jaeschke* bezeichnet dieses biblische Geschichtsdenken als »Anaklisis« (Die Suche nach den eschatologischen Wurzeln der Geschichtsphilosophie. Eine historische Kritik der Säkularisierungsthese, München 1976, 120).

44 *Stanisław Jerzy Lec*, Allerletzte unfrisierte Gedanken, hrsg. und aus dem Polnischen übertragen von Karl Dedecius, München / Wien 1996, 13.

45 Die 2001 von der Kirchenleitung der Evangelischen Kirche im Rheinland herausgegebene Materialhilfe zur Erstellung einer gemeindlichen Gesamtkonzeption trug den Titel »Visonen erden – der Vielfalt Gestalt geben«.

46 Zitiert nach: *Stupperich*, a.a.O., 194.

47 Evangelisches Gesangbuch. Ausgabe für die Evangelische Kirche im Rheinland, die Evangelische Kirche von Westfalen und die Lippische Landeskirche, Gütersloh 1996, Nr. 65 (Strophe 7) bzw. 652 (Refrain).

48 Die Barmer Theologische Erklärung. Einführung und Dokumentation, hg. v. *Alfred Burgsmüller / Rudolf Weth*, 5., bearb. u. erg. Aufl. Neukirchen-Vluyn 1993, 36 (These 1).

49 A.a.O., 39 (These 4).

50 Vgl. Konkordienformel, BSLK 1056,26ff

51 *Peter Beier*, Die Wahrheit braucht keine Dome, in: *Friedrich Schorlemmer* (Hg.), Was protestantisch ist. Große Texte aus 500 Jahren, Freiburg i.Br. 2008, 16–21, hier: 16.

52 Vgl. CA 1530, VII. Von der Kirche; BSLK 61,1–7.

53 *Martin Luther*, Vorrede zum 1. Band der Wittenberger Ausgabe (1539), in: WA 50, 657–661, hier: 659f.

54 Vgl. *Martin Luther*, In epistolam S. Pauli ad Galatas Commentarius (1535), WA 40 I,589,25ff.

55 Vgl. *Martin Luther*, Vom Abendmahl Christi, Bekenntnis (1528), in: Studienausgabe, hg. v. *Hans-Ulrich Delius*, Bd. 4, Berlin 1986, 25–258, hier: 185,7ff.

56 Konkordienformel, BSLK 997,74–998,1: »Nihil habet rationem sacramenti extra usum seu actionem divinitus institutam.«

57 Der folgende Fall ist entnommen dem »Kölner Stadt-Anzeiger« vom 20. Oktober 1995, 11.

58 Vgl. *Hermann Lübbe*, Religion nach der Aufklärung, Graz / Wien / Köln 1986, 149ff.

59 Vgl. *Paul Tillich*, Systematische Theologie Bd. 1, Frankfurt a.M. [7]1983, 134/137.

60 *Meister Eckhart*, Deutsche Predigten und Traktate, hrsg. und übersetzt von *Josef Quint*, München 1955, 213–217, hier 213.

61 A.a.O. 217.

62 *Erich Fromm*, Haben oder Sein. Die seelischen Grundlagen einer neuen Gesellschaft, Stuttgart 1976, 157.

63 Vgl. *Michael Theunissen*, Negative Theologie der Zeit, Frankfurt a.M. 1991, 360.

64 Vgl. *Ervin Vályi-Nagy*, Die progressive Treue, in: DtPfrBl 67 (1967), 165–168, hier: 166.

65 Vgl. *Ervin Vályi-Nagy*, Lob der Inkonsequenz. Über Glauben und Radikalismus (1971), in: *Ágnes Vályi-Nagy* (Hrsg.), Geschichtserfahrung und die Suche nach Gott. Die Geschichtstheologie Ervin Vályi-Nagys, Stuttgart / Berlin / Köln 2000, 87–95, hier: 94f. Dort auch das Folgende.

66 In: *Deutsches Allgemeines Sonntagsblatt* 41/2000 (13. Oktober 2000): Verena Kast im Gespräch mit Christine Holch.

67 Vgl. *Wilhelm Weischedel*, Skeptische Ethik, Frankfurt a.M. 1976, 209f.

68 Vgl. a.a.O. 214.

69 *Hans-Martin Rieger*, Der ewig unfertige Mensch. Medizinische und theologische Anthropologie im Gespräch, in: BThZ 24 (2007), 319–342, hier: 339.

70 Zur Überlieferungsgeschichte des Gebets vgl. *Hans Jürgen Luibl*, Das Gelassenheitsgebet. Anmerkungen zu einer Legende, in: EvTh 54 (1994), 519–535; *Eckhard Goldberg*, Die Geschichte des Gebets um Gelassenheit: Herkunft, Autor, Überlieferung und Anwendung einer Lebensregel, 2., durchgesehene Auflage Goch 2011.

71 Vgl. The Essential Reinhold Niebuhr: Selected Essays and Addresses, edited and introduced by *Robert McAfee Brown*, New Haven 1986, 251.

72 Nach *Sauter*, Zugänge zur Dogmatik, a.a.O., 106ff.

73 WADB 7,384,25f.

74 *Georg Rörers* Postfationen zu den Wittenberger Lutherbibeln von 1541–1551; WADB 8,LXXVII,19–LXXVIII,23 (v. Verf. der heutigen Schreibweise angepasst).

75 *Wilhelm Engelhardt*, Unsere deutsche Bibel, München 1895, 24; zitiert nach: *Hartmut Hövelmann*, Die Markierung von Kernstellen in der Lutherbibel, in: *Siegfried Meurer* (Hg.), Was Christum treibet. Martin Luther und seine Bibelübersetzung, Stuttgart 1996, 70–88, hier: 86.

76 Vgl. *Burkhard Müller*, Für unsere Sünden gestorben? Ein Beitrag zur aktuellen Diskussion, Dritte erweiterte Auflage, Rheinbach 2011; *Evangelische Kirche im Rheinland* (Hg.), Aus Leidenschaft für uns. Zum Verständnis des Kreuzestodes Jesu, Düsseldorf 2010.

77 Vgl. *Dietrich Bonhoeffer*, Widerstand und Ergebung. Briefe und Aufzeichnungen aus der Haft, hg. v. *Eberhard Bethge*, Gütersloh [11]1980, 154.

78 Zitiert nach: *Dietrich Bonhoeffer*, Von guten Mächten. Gebete und Gedichte interpretiert von *Johann Christoph Hampe*, München 1976, 77.

79 Vgl. Widerstand und Ergebung, a.a.O., 134f.

80 *Dietrich Bonhoeffer*, Ethik, a.a.O., 44.

81 *Marie Luise Kaschnitz*, Ein Leben nach dem Tode, in: Dies., Gesammelte Werke, 5. Band, Frankfurt a.M. 1985, 504f.

82 Vgl. *Jean-François Lyotard*, Der Widerstreit, München 1987, und die theologische Rezeption in: *Hans-Joachim Höhn* (Hg.), Theologie, die an der Zeit ist, Paderborn / München / Wien / Zürich 1992, 188ff.

83 *Paul Schütz*, Warum ich noch ein Christ bin, Neuausgabe Augsburg 1996, 72.

Abbildungsverzeichnis

95 Die aufgemalte Turmuhr eines orthodoxen Klosters in Ostpolen zeigt immer fünf vor zwölf an: Kritische Zeitansage als Aufforderung zur kontinuierlichen Kurskorrektur – ecclesia semper reformanda (Foto: Rainer Fischer, Köln).

Verlag und Autor haben sich bemüht, alle Inhaber von Abbildungsrechten zu ermitteln. Sollten Rechteinhaber hier nicht aufgeführt sein, wird um Mitteilung an den Verlag gebeten.

Zum Fundament der Kirche

Ernstpeter Maurer (Hg.)
Grundlinien der Dogmatik
2. unveränderte Auflage

370 Seiten, 13,5 × 21 cm, frz. Broschur
ISBN 978-3-87062-139-1

Es wird im Alltag akademischer Lehre immer deutlicher, daß die traditionellen Antworten der Systematischen Theologie nicht zuletzt deshalb schwer zu vermitteln sind, weil nicht mehr klar ist, auf welche Fragen sie sich beziehen. Mit seinen durchweg prägnanten, gut lesbaren und eingängigen »Skizzen« erlaubt dieses Buch einen erfrischend leichten Zugang zur Dogmatik.

cmz